KLAUS P. FISCHER

Verwandlung

Zur Wirkweise der Eucharistie

Impressum:

Verwandlung

Zur Wirkweise der Eucharistie

von Klaus P. Fischer

Herausgeber: Hans-Jürgen Sträter

Auflage vom 01. Oktober 2021

Herstellung und Verlag: BoD - Books on Demand, Norderstedt

ISBN: 978-3-754356-62-3

Cover: Wandgemälde „Abendmahl" von Alfred Schönenberger,

Kath. Kirche St. Jakobus in Steckborn (Schweiz),

aufgenommen von René Gossweiler (Birmensdorf CH)

INHALT

Seite

EINLEITUNG

Die Kirche mit ihrer 2000 Jahre umspannenden Geschichte der Glaubensüberlieferung, die sie mit großer Sorgfalt und Gewissenhaftigkeit betreibt, gibt ungern dem Gedanken Raum, das „Geheimnis des Glaubens", das sie den Menschen nahebringt, lasse vielleicht noch andere Annäherungen zu als jene, die gewohnt und bewährt erscheinen, ja für viele als „offiziell" gelten.

Allerdings gehört zur Tradition auch das IV. Laterankonzil (von 1215), das, indem es den unfassbaren Abstand zwischen Schöpfer und Geschöpf betont, die Warnung ausspricht, Aussagen, die für die Menschenwelt gelten, seien nicht in gleichem Sinne auf Gott übertragbar, weil jede Ähnlichkeit zwischen Gott und Mensch von einer noch größeren Unähnlichkeit zwischen ihnen überholt werde.

Verhält es sich aber so, können kirchliche Glaubensaussagen und Definitionen nicht derart verbindlich sein, dass keine andere, ihrem Sinn entsprechende, vielleicht sogar treffendere sie ergänzen, womöglich ersetzen könnte.

Der Traditionalismus, der dies bestreitet, ist dadurch gekennzeichnet, dass er historisch einmal gefundene, ja erkämpfte Definitionen für unüberholbar, nicht ersetzbar ansieht. Für ihn ist die ´Sache Gottes` in offiziell gewordenen sogenannten Traditionsformeln erschöpfend ausgesagt, sicher verpackt und nur so zugänglich.

Wird *zum Beispiel* in der Eucharistie-Feier der Begriff „Wandlung" auf die Mitte des Hochgebets (Kanon) bezogen und (mit *Thomas von Aquin*) als „Transsubstantiation" gedeutet, so erschließt sich diese Deutung mit allen Konsequenzen allerdings nur jemandem, der die aristotelisch-thomistische *Metaphysik* mit der Unterscheidung von Substanz und Akzidenz genau verstanden und verin-

nerlicht hat. Deutet man den nach der „Wandlung" ver-
gegenwärtigten „Leib Christi" als übernatürliche „Substanz", bleibt aber undeutlich, was es mit deren (übernatürlichen) Akzidenzien für eine Bewandtnis haben soll.
Dass der durch die „Wandlung" realisierte „Leib Christi"
örtlich zugegen oder fassbar sei, wird ja von Thomas
selbst verneint.

Allerdings bestand die katholische Kirche, reformatorische Alternativ-Deutungen im Blick, auf dem Trienter
Konzil darauf, das Interpretament „Transsubstantiation"
gebe den kirchlichen Glauben „sehr treffend" wieder.

Die Frage ist nur, ob das, worauf sich der eucharistische
Glaube bezieht, in seiner Fülle, in seinem Reichtum in
jenen metaphysischen Begriffen schon zum Ausdruck
kommt – kommen kann oder ob es Übersetzungen und
Sichtweisen gibt, die das Schema „Transsubstantiation"
ergänzen und bereichern.

Nun gab und gibt es in allen Rängen stets Gläubige, die
mit inniger Besorgnis an einmal erlernten und gewohnten
Begriffen und Vorstellungen hängen. Diese sind für sie
wie eine Wohnung, in der man sich zuhause fühlt. Weil
man sich auf die einmal definierte und akzeptierte kirchliche Glaubenslehre verlässt, kann man sich anderen Le-
bensbereichen zuwenden.

Manchmal ist das Haften an traditionellen Formeln auch
bequem:

Nachdenken kann Zweifel vermehren. So erscheint es
gesünder und einfacher, als Gottes Offenbarung nur jene
Definitionen anzuerkennen, mit denen sich das kirchliche
Lehramt einmal identifizierte.

Ein Problem dieser Denkweise, die vom IV. Laterankonzil implizit abgewiesen wird, zeigt sich darin, dass sie
solchen Christen keine Verständnis-Hilfe anbieten kann,
die unter einem anderen geistes- und kulturgeschichtli-
chen Horizont leben und denken, denen daher frühere,

unter einem anderen Geisteshorizont gewonnene Denkformen (zB metaphysischer Art) wenig zugänglich, womöglich verschlossen sind. Die Herausforderung des Glaubens reduziert sich dann auf Annahme oder Ablehnung der´Verpackung`, das heißt, bestimmter tradierter Formulierungen und Vorstellungen, die mit der „Glaubenswahrheit" selbst praktisch gleichgesetzt werden. Die Unverständlichkeit einer bestimmten Tradition wird dann zum „Geheimnis des Glaubens" gezählt, der Glaube selbst gerät zum Gegenstand eines religiösen *Positivismus*.

Den Positivismus aber haben etwa die *Naturwissenschaften* schon hinter sich gelassen. Ihre Experten haben erkannt: Wollen sie die Ordnungs-Strukturen der Natur sprachlich fassen, müssen sie sich „mit Bildern und Gleichnissen begnügen, fast wie in der religiösen Sprache" (*W. Heisenberg*).

Denn Wissenschaftler „sehen nur gewisse Fußabdrücke von etwas uns Verborgenem und Unbegreiflichem" (*H.P. Dürr*), die noch dazu in hohem Grade ihre eigenen Fußspuren sind (*A. Eddington*), nämlich „innere Scheinbilder oder Symbole der äußeren Gegenstände" (*H. Hertz*).

Was für die Erkenntnis der Natur gilt, gilt umso mehr von der Berührung mit Gott. Nicht bloß, weil er schlichte Zuhörer hatte, sondern weil Gott *Gott* ist, redete Jesus in Bildern und Gleichnissen, statt Definitionen einzuüben. Selbstverständlich benötigt die Theologie, wie andere Wissenschaften auch, Definitionen, um darin Erkenntnisse festzuhalten, die einen Klärungsprozess durchlaufen haben. Definitionen sind aber, wie der Name sagt, Abgrenzungen, das heißt aber, Ausgrenzungen aus dem unumfassbaren Ganzen der Wirklichkeit Gottes oder auch der Schöpfung. Damit begrenzen Definitionen im Grund ihre eigene Gültigkeit.

Das 2. Vatikanische Konzil wurde, um den programmatischen „Sprung nach vorn" zu schaffen, durch die Eröffnungsansprache des Papstes an die Notwendigkeit erinnert, die „Substanz" des kirchlichen Glaubensvermächtnisses wohl zu unterscheiden von der sie „einkleidenden Formel". Von dieser Unterscheidung geleitet, stellte es mit überwältigender Mehrheit fest, dass Gottes Geist auch in den von Rom getrennten Kirchen wirkt und dort „die Reichtümer Christi" aufschließt. Daher sei es „heilsam", mit diesen Kirchen – und so auch mit Gottes Geist – in engen Kontakt zu treten, damit sich die eigene Kirche fortwährend erneuern könne. Das betreffe auch „die Art der Lehrverkündigung", „die von dem Glaubensschatz selbst genau unterschieden werden" und daher „zu gegebener Zeit sachgerecht und pflichtgemäß erneuert werden" müsse (Ökumenismus-Dekret Nr. 4-6).

Das kann nur bedeuten, dass auch theologische Formeln und Aussagen fortgesetzter Erneuerung bedürfen, da sie nicht wie selbstverständlich und restlos mit „dem Glaubensschatz selbst" identisch sind, der ja das Geschenk des stets größeren Gottes (*Deus semper maior*) ist.

So wie das Konzil den Reichtum der Glaubenserkenntnis in den von Rom getrennten Kirchen rühmt, ist dieser Reichtum auch in der in Jahrtausenden gesammelten Gotteserkenntnis *Israels* zu finden. Dieses reiche „gemeinsame geistliche Erbe" von Juden und Christen hält das Konzil in einer eigenen Erklärung ausdrücklich fest (Erklärung über die Nichtchristlichen Religionen Nr.4). Bestätigend reagierten darauf unlängst rund fünfzig orthodoxe Rabbiner in einer Erklärung zum Verhältnis Judentum-Christentum, worin sie die alte Abwertung des Christentums als „fremder Kult" zurücknahmen und es stattdessen als „gottgewollt und Geschenk an die Völker" anerkannten.

Ferner ist zu bedenken, dass die Glaubens-Überlieferung von jeder Generation neu übernommen, verstanden, ratifiziert werden muss, damit *die Kirche selbst weiter lebt*; zudem ist auf die Umbrüche der Geschichte zu achten, die Übersetzung der Überlieferung in alle möglichen Sprachen und Kulturen. Das macht verständlich, dass sich die Theologie auch immer wieder neu Rechenschaft geben muss, was „Wandlung", ein zentraler Begriff der Eucharistiefeier, besagen kann und will.

Nicht zuletzt ist die „Wandlung" auch Thema in den Konflikten um die sogenannte „Neue Messe" (gemeint ist die vom letzten Konzil erneuerte Messfeier). „In der Alten Messe" – argumentieren besorgte Gläubige – vollziehe sich nämlich „im Moment der hl. Wandlung", bei der Trennung der Gestalten von Brot und Wein, „das Opfer von Kalvaria neu".

Ein etwas anderes Bild zeichnet eine Stimme aus der Orthodoxie: „Damit die Worte Christi, die der Priester kommemoriert, die göttliche Wirkung empfangen, ruft der Priester in der Epiklese den Heiligen Geist an.

Aus den Worten der Anamnese ´er nahm Brot …und reichte es seinen Jüngern... und sagte … Das ist mein Leib` macht der Heilige Geist die *epiphaniale Anamnese,* er bringt die Intervention Christi selbst zum Ausdruck, der die vom Priester gesprochenen Worte mit seinen eigenen Worten identifiziert, der die gefeierte Eucharistie mit seinem Heiligen Abendmahl identifiziert, und das ist das Wunder der *metabolé* (Wandlung) der Gaben". Der *hl. Johannes Chrysostomos* kleide diese Sicht in den Appell: „Glaube, dass sich heute dasselbe Festmahl ereignet wie das, wo Christus zu Tische lag". Darin aber werde die Antwort – das Ja – des menschenfreundlichen Gottes greifbar.[1]

---

1 Vgl. *Evdokimov,* L`Esprit Saint, 101-104; ergänzend zB *Kallis*, Orthodoxie, 71-75.

So wird die Weite der christlichen Ökumene sichtbar, zugleich die Not innerchristlicher Verständigung.

Hier zeigen sich heute nicht selten Anzeichen von Müdigkeit, die in den Wunsch mündet, man solle es doch bei den Unterschieden der Konfessionen belassen, sie tolerieren, ja als „Kulturerbe" erkennen. In Zeiten einer fundamentalistischen Großwetterlage kommen wieder Ängste hoch vor „zu viel" Nähe zu „den anderen"; vor ´Überfremdung`. Der Blick nach rückwärts gebe Sicherheit, der Blick nach vorn lasse alles ´verschwimmen`.

Unbestritten gehört der Glaube an die *Verwandlung*, die Brot und Wein auf dem Altar erfasst, zum Herzstück christlich-kirchlichen Glaubens von Anbeginn – so wesentlich, dass sich hier leicht die Geister scheiden.

Die liebe Not und Unruhe, die sich bei diesem Thema unversehens entzünden, spiegelt unübertroffen bis heute das bekannte Aperçu des Frankfurter Pfarrers *Lothar Zenetti*:

Frag hundert Katholiken,
was das Wichtigste ist in der Kirche.
Sie werden antworten: Die Messe.
Frag hundert Katholiken,
was das Wichtigste ist in der Messe.
Sie werden antworten: Die Wandlung.
Sag hundert Katholiken,
dass das Wichtigste
in der Kirche die Wandlung ist.
Sie werden empört sein:
Nein, alles soll so bleiben wie es ist!

Soll es also auch exklusiv beim Trienter Deute-Modell bleiben?

Der Inhalt der folgenden Seiten, mehrmals vorgetragen und zur Diskussion gestellt, fand ein positives Echo.

Dabei stellte sich heraus, dass weit mehr Christen, als der Autor dachte, Fragen zu diesem Thema mit sich tragen und Antworten suchen.

Selbstverständlich können die nachfolgenden Überlegungen nicht mehr sein als ein gedankliches Experiment des Autors. Wer sie nur irritierend findet, möge sie beiseite legen und vergessen. Vielleicht kann er aber dem Autor zugutehalten, dass auch er, auf seine Weise, das „Mysterium fidei" ehren möchte.

Ein Teil der auf diesen Seiten entwickelten Gedanken findet sich in erster Fassung in meiner Studie „Das ist mein Leib, mein Blut" (Wiesmoor 2011), wurde hier jedoch überarbeitet und erweitert.

Die Lektüre verlangt keine Fachkenntnisse, wohl aber konzentriertes Bemühen in einer ruhigen Stunde. Die Anmerkungen – z.T. fachlich gehalten – können ohne Nachteil überschlagen werden. Bibelzitate sind, wo nicht anders angegeben, vom Verfasser übersetzt.

Der Mensch des abendländischen Kulturkreises tut sich schwer mit religiöser Sprache und Rede. Typische Redewendungen sind „Ich glaube nur, was ich sehe, was ich riechen, tasten, greifen kann".

Als real gilt die mit den Sinnen (Augen, Ohren ...) und entsprechenden Messinstrumenten zugängliche Welt.

Dass es sich mit einer Sache anders verhalten kann, als die Anschauung sie bietet, geht den Menschen schwer ein.

„Brot bleibt Brot" ?

Unlängst erreichte mich der ausführliche Brief eines verdienten, alten Arztes, der auf vielen Seiten darlegte, er habe seit Kindesbeinen Schwierigkeiten mit der *Wandlung*. Seine Mutter sei verzweifelt gewesen, weil der achtjährige Bub nicht glauben konnte, dass nach den Wandlungsworten „aus dem Brot real der Leib Christi" werde. Er habe heftig widersprochen: „Das geht nicht. Brot bleibt Brot!"

An dieser trotzigen Behauptung habe er festgehalten. Nur der Fürsprache des Dechanten hatte er es zu verdanken, dass er trotz seines Widerspruchs zur Erstkommunion zugelassen wurde. Er habe akzeptiert, was die Kirche in Sachen „Wandlung" lehre, es aber nicht geglaubt.

Es sei ihm ähnlich gegangen wie dem kleinen Kind in *Andersens Märchen* „Des Kaisers neue Kleider": als der Kaiser, sein Hofstaat und die erwachsenen Untertanen – von den betrügerischen Webern eingewickelt – gegen den Augenschein behaupteten, die neuen Kleider des Kaisers seien märchenhaft schön und fein, und sie in allen Farben lobten, rief das kleine Kind, unverbildet und offenherzig: „Aber er hat ja gar nichts an!"

So ähnlich habe er als Junge festgehalten, was auf dem Altar liege und zur Kommunion gereicht werde, sei Brot – vorher und nachher. Daran habe sich für ihn auch später nichts geändert, weil er ja Medizin studiert habe, für welche die neuzeitliche Naturwissenschaft die Grundlage bildet.

Die Menschen der Antike, die Menschen der Bibel, auch Jesus selbst hätten ein naives Verständnis von der Natur gehabt, und die Kirche konserviere es in wichtigen Fraggen bis heute. Der Arzt fuhr fort, er wolle katholischer Christ sein, aber könne nicht glauben, dass die ´Wandlungsworte` des Priesters bewirkten, dass aus einer

Oblate „der Leib des Juden Jesus" werde, den die Hierarchen des Jerusalemer Tempels „vor 2000 Jahren den Römern zur Hinrichtung" übergaben: „Das geht nach unserer Naturauffassung nicht", beendete der alte Arzt seinen Einwand.

Das Glaubensproblem des Katholiken setzte der spanische Philosoph *José Ortega y Gasset* einmal in Parallele zur Theorie des *Kopernikus*, dass die Erde um die Sonne kreise, nicht die Sonne um die Erde. Der normale Mensch aber *sieht* abends doch die Sonne unter den Erdhorizont sinken, und das Sehen hat unmittelbare Überzeugungskraft. Wenn der Mensch das kopernikanische System nun übernimmt, *glaubt* er es im Widerspruch zu dem, was er sieht.

So ähnlich – meint *Ortega* – glaube der Katholik das Dogma im Widerspruch zu seiner spontanen Anschauung oder seinem „*echten* liberalen Glauben".[2]

Nun könnte jemand finden, *Ortegas* Vergleich sei zu simpel. Wir wüssten doch heute in der Tat, dass die Erde eine Art Kugel ist (von Schiffen, die am Horizont auftauchen, sieht man zuerst den Mast, Kamin oder Aufbau, später den Schiffskörper; bei Mondfinsternissen, bei denen der Mond vom Schatten der Erde verdeckt wird, ist der Erdschatten gekrümmt).

Die Physik habe bewiesen: die Erde ist eine Kugel, die rotiert und so den *Anschein* erweckt, als drehe sich die Sonne um sie. Beweiskräftig wurde im 19. Jahrhundert das *Foucault*'-sche Pendel:[3] es zeigt, dass sich der Erdboden unter der Schwingungsebene des Pendels [gegen den Uhrzeigersinn] dreht.

---

2 Der Aufstand der Massen (dt. Hamburg 1956/1976), 76 Anm.
3 In der Sowjetunion wurde die *Isaak*-Kathedrale (Leningrad/ St. Petersburg) zu einem Atheismus-Museum umgestaltet. Das an der Kuppel fixierte, 91m lange *Foucault*'sche Pendel sollte die Bibel als ´Märchen` entlarven.

Einen weiteren experimentellen Beweis erbrachten bekanntlich die Mondfahrer mit ihren Fotos.[4]

Die *Kirche* aber kann *nicht* beweisen, sagen Skeptiker, dass die Brothostie zum Leib Christi wird.

Doch *so einfach ist es nicht.*

Was Sonne und Erde angeht, ist ja der Augenschein so mächtig, dass er nach wie vor unsere Sprache bestimmt. Wir sprechen von „Sonnen-Aufgang", „Sonnen-Untergang", etwa im Kalender, bei Wetter-Prognosen, obwohl die Physik lehrt, die Sonne bewege sich nur scheinbar, es sei die – nicht unmittelbar wahrnehmbare – Rotation unseres Planeten, die den Eindruck von Sonnen-Aufgang und -Untergang erzeuge. Unbeirrt singen wir weiterhin „Jeden Morgen geht die Sonne auf / in der Wälder wundersamer Runde". Überhaupt folgt die Erzählsprache, ja die Dichtung gewöhnlich dem Augenschein. Dieser ist so mächtig, dass wir jedes Mal, wenn wir uns klarmachen wollen, dass sich nicht die Sonne um uns dreht, sondern wir selbst uns mit der Erde drehen, einen eigenen Anlauf brauchen, eine *verstandesmäßige* Vergewisserung darüber, dass der spontane Sinneseindruck uns täuscht oder, vorsichtiger ausgedrückt, dass der spontane Sinneseindruck uns etwas anderes sagt als die Physik. Wollen wir, dem unmittelbaren Augenschein zuwider, uns vergewissern, dass nicht die Sonne auf- und untergeht, sondern die Erde sich um sich selbst dreht und der sich mitdrehende Mensch die Sonne unter wechselndem Blickwinkel zu Gesicht bekommt, müssen wir uns auf eine geistige Ebene begeben, auf die Ebene der Theorie, um uns gegen den Augenschein von der Erdrotation zu überzeugen.

---

4 Die sinnliche Anschauung hat über manche Menschen soviel Macht, dass einige bis heute glauben, die Mondreisen hätten nicht wirklich stattgefunden, sie seien von den USA in Filmstudios mittels Kulissen inszeniert worden.

Die Erdrotation ist also *nicht wahr* im Bereich unmittelbar sinnlicher Anschauung, sie ist wahr im Bereich des Verstandes und der Theorie.

So werden wir darauf gestoßen, dass der Begriff „Realität" (was ist real?) mehrdeutig, eine Frage des Bezugspunktes bzw. Bezugssystems ist, d.h. relativ.[5]

Was wir damit sagen wollen, ist dies: ein Mensch, der heute der Naturwissenschaft ´glaubt`, ist keineswegs besser dran als der katholische Christ: der Normalverbraucher sieht die Sonne auf- und untergehen, hält aber *gegen* den Augenschein für wahr, dass er selber – obwohl er nichts davon spürt – mit der Erde um deren Achse rotiert (und elliptisch um die Sonne kreist).

Ähnlich sagt dem Gläubigen der Augenschein, die konsekrierte Oblate in der Schale sei Brot, er hält jedoch für wahr, nach den „Wandlungsworten" sei sie real-unsichtbar der Leib Christi, sei der Wein das Blut Christi. Was man traditionell *Wandlung* nennt, ist ebenfalls nicht wahr im Bereich unmittelbarer Anschauung, sondern im Bereich des Glaubens und der (davon genährten) theologischen Theorie.

Der erwähnte Arzt pflegt also einen zu simplen, vordergründigen Begriff von Naturwissenschaft.

Auch hält er – wie viele moderne Menschen – die Vorfahren, die Menschen der Antike, zu Unrecht für naiv.

Die Völker des östlichen Mittelmeerraums pflegten nämlich ein Denken in *Symbolen*.

---

5 Im atomaren und subatomaren Bereich ist die Frage, was *real* sei, noch schwerer zu beantworten.

Die Welt der Symbole

Symbole sind Kenn-Zeichen und Erkennungs-Zeichen: etwas, eine Gestalt, ein Ding ist Zeichen oder Ausdruck für etwas anderes, oft Größeres. Etwas Großes oder Hohes äußert sich, verleiblicht sich in etwas anderem, in einem Ding, einem Tier oder Menschen. Das Ding, das Tier, der Mensch wird dann zur „Erscheinung" des Großen, des Hohen.

Für antike Menschen, für vortechnische Menschen überhaupt ist ein *Gegenstand* selbst ein Bild oder kann ein Bild (εἰκών) werden: ein entferntes Bild von etwas Größerem, Höherem, vielleicht einem Ur-Bild oder Ur-Wesen.[6]

Der heutige Mensch hat oft einen naiven Begriff von *Bild*. Er meint, vollkommen sei ein Bild als Kopie oder als Spiegelung.

Dabei vergisst er leicht, dass er nicht durch das Fotografieren, sondern etwa durch ein echtes Gespräch ein *wirkliches* Bild eines Menschen empfängt, ein Bild, das eine seelisch-geistige Tiefenschärfe enthält.

Auch ein Foto kann viel mehr enthalten, als ein neutraler Entwickler wahrnimmt.

Oft speichert ein Mensch ein momentanes, persönliches Erlebnis durch ein Foto, das er, wenn er es wieder einmal vornimmt, als unsichtbaren Hintergrund mit-sieht. Das Foto enthält also eine Lebens-Situation des Fotografen, vielleicht eine Szene, die ein neutraler Betrachter nicht wahrnimmt.

Es birgt demnach *mehr,* als jedermann sehen kann.

---

6 Klassisch die Unterscheidung bei *Platon* (Parmenides 132d): Bild (εἶδος), Urbild (παράδειγμα), Ähnlichkeit (ὁμοίωμα), Teilhabe (μέθεξις). Etwas Konkretes kann durch Ähnlichkeit an einem unsichtbaren Größeren teilhaben..

Die Schaukraft des originalen Betrachters sieht mehr und tiefer als das Vordergründige.

Daher kann ein Bild – wie auch ein Gegenstand, ein Lebewesen – teilhaben an einer entfernten, hintergründigen Wirklichkeit: sie erscheint demjenigen, der Sehvermögen, Schaukraft hat (das Geheimnis einer *Ikone*!).

Viele Erwachsene werden sich dessen erst bewusst, wenn sie einem von einem echten Künstler gemalten Bild begegnen, dessen Porträt oder dessen Szene etwas enthält, das der Künstler schaut, das der gewöhnliche Mensch aber nicht sieht, es sei denn, der Künstler zeigt es ihm: etwas zuvor Unsichtbares, bzw. Hintergründiges, Gehaltvolleres als das bloß Sinnenfällige.

Für die Menschen im antiken Mittelmeerraum war ein Ding – wie Rad, Fels, Brot, Berg usw – nie bloß dieses ´Ding`, physisch genommen, es war *zugleich* Symbol für etwas anderes, Größeres. Es war gleichsam durchsichtig, durchlässig für Höheres. Die Dinge waren per se symbolhaft: Sinn-Bilder für Mehr, für Höheres.[7]

- Erinnern wir uns, dass in den Psalmen Gott zB „*Fels*" genannt wird. So im 31. Psalm, wo der Beter Gott anfleht „Sei mir Fels, festes Haus" (v 3). Der Fels in seiner für Menschenkraft unerschütterlichen Festigkeit und Härte kann *Symbol* für Gott werden: für Gottes unerschütterliche Treue und bergende Kraft (vv 5.9.16).

In einem Felsen kann sichtbar werden Gottes *Unerschütterlichkeit*, seine treue Zuwendung. Sie ist *un*sichtbar, kann sich aber für jemanden sichtbar machen in einem Felsen oder einer Felsenburg. Wird ein Fels Symbol für Gottes Treue, heißt das: Gottes Treue ist mindestens ebenso unverbrüchlich wie ein Fels! Sie ist real, ja noch stärker als ein Fels!

---

7 Das ist für die meisten Menschen auch heute so. Sie werden aber gelehrt, nur Reproduzierbares für wahr zu halten.

Damit ist aber *auch* gesagt: das *geistige* Wesen Gottes, zB sein treues Wesen, ist *nicht weniger real* als etwas Materielles, als ein Fels.

Das aber ist eine auf eine persönliche *Erfahrung* gegründete Erkenntnis!

- Beim Propheten *Jesaja* erscheint das *Heil* im Symbol eines von Gott gegebenen *Festmahls*, wo feinste Speisen und beste, erlesenste Weine gereicht werden.

Menschen halten ein Festmahl, wenn etwas ungewöhnlich Großes, Freudiges zu feiern ist, man sich des Lebens freut.

Wie der Prophet erklärt, sollen im Festmahl, das Gott stiftet, die Befreiung vom Tod und die Stillung aller Tränen feierlich erscheinen (Jes 25,6ff). Indem Gott vom Tod befreit und alle Tränen abwischt, wird daraus ein unvergleichliches Festmahl.

Es ist klar, dass die Freude der Befreiten überirdisch ist, also nur durch Superlative (*feinste* Speisen, *erlesenste* Weine) anzudeuten. Feine Speisen und Weine, Symbolträger irdischer Lebensfreude, werden, aufs Höchste gesteigert, zu Symbolen gottgegebenen Lebens über Tod und Bitterkeit hinaus, eines anderen, neuen *Lebens*, von fern ahnbar in der Freude irdischer Festmähler. Diese haben nur eine schwache Realität im Verhältnis zu *über*irdischer Lebensfreude.

- In seinem bekannten *Gleichnis* macht Jesus einen *Vater*, dessen *Sohn* sich von ihm losgesagt hatte, zum *Symbol* für Gottes Art. Als der völlig heruntergekommene, heidnisch gewordene jüngere Sohn schließlich im Haus des Vaters Zuflucht – eine Art Asyl – sucht, begegnet er der wahrhaft *un*endlichen Liebe seines Vaters, die ihn nie aufgegeben hatte und ein Freudenfest ansetzt, das der abtrünnige Sohn sich nie verdient hatte. Viele Mütter, nicht wenige Väter sind so.

Ihre *un*vernünftige, treue Liebe zu einem Kind, das eher Schimpf und Schande verdient hätte, wird zum Symbol für Gottes Art, für Gottes unerschütterliche Treue zu einem ´Menschen-kind`, das ein gott-loses Leben geführt hat, sich aber am Tiefpunkt besinnt und sich Gott neu zuwendet.

Verlust der Symbole durch Abstraktion

Hören wir nun in diesem Rahmen Jesu Aussage im Joh-Evangelium: „Dies Brot ist mein Fleisch für das Leben der Welt" (6,51)!

So konnte nur gesprochen werden, wo Menschen einen Sinn dafür hatten, dass Brot nicht nur Brot ist, sondern offen für ein Mehr an Gehalt. Dieses Mehr wird angesprochen mit *„Leben der Welt"*.

Unsere Mentalität, die Mentalität der nordwestlichen Zivilisation, muss aber zu dieser Sicht der Dinge erst bekehrt werden. Unsereins will ja vor allem und nur wissen, wie etwas funktioniert, wie dieses bestimmte Ding funktioniert, was passiert, wenn man diesen oder jenen Mechanismus in Gang setzt.

Eine Mentalität, die sich zuerst bei Kleinkindern zeigt, die aus lauter Neugier ein Ding bis in die Einzelteile zerlegen, es aber dabei nicht selten zerstören.

Sie dominiert die keltisch-germanische Mentalität, die etwa seit der Karolinger-Zeit in Europa vorherrscht und auch in der Kirche Fuß fasste. Sie prägt westliches Denken bis heute: ein analytisches, zerlegendes Denken.

Die jungen, noch unbedarften Völker West- und Nord-Europas – Kelten, Germanen – glichen in Bezug auf Bildung und Kultur Kindern: neugierig, aber pragmatisch neugierig. Staunend nahmen sie die komplexe Kultur der Alten Welt zur Kenntnis und fragten: Wie geht das? Wie funktioniert das? Wie macht man das? Welche Probleme für das Verständnis des religiösen, biblisch orientierten Denkens sich damit auftaten, ahnt man, wenn man sich klarmacht, dass „Sakrament" ein anderes, lateinisches Wort ist für „Mysterium" (*mystérion*); dass der Glaube also auf Dinge setzt, die gleichsam nicht nur eine Dimension haben, vielmehr durchlässig sind für ein *Mehr,* das zugleich ihr *Geheimnis* ist, sogar ein letztes Geheimnis *in* und *hinter* den Dingen, hinter Dasein und Welt.[8]

Die Mentalitäts- und Kultur-Schranke erwies ihre Sperrigkeit nun auch bei unserem Thema.

Seit dem frühen Mittelalter verlegten sich nordeuropäische Theologen und Philosophen darauf, herauszubekommen, was vor sich gehe, was sich ereigne, wenn der Priester (damals auf Latein) über das Brot Jesu Worte spricht „Das ist mein Leib", über den Kelch „Das ist mein Blut"; wie dieser Wechsel der Subjekte und Bezeichnungen – Brot / Leib Christi; Kelch (Wein) / Blut – zu verstehen sei. Ist das „nur" symbolische, bildhafte Redeweise – oder ist das Brot dann, nach Aussprechen der Worte, „wirklich" der Leib Christi, der Wein dann „wirklich" das Blut Christi?

Man merkt: Das Denken der Nord-Europäer fühlt eine Diskrepanz zwischen „symbolisch-bildhaft" und „real-wirklich". Das Konkrete, Handfeste gilt als wirklicher als das Symbol und das Symbolisierte. Für die europäisch-moderne Mentalität sind Symbole etwas Abgeleitetes, Sekundäres (wie zB ein Foto gegenüber dem Original), zudem Künstliches, Subjektives.

Im Frühmittelalter wogte ein unfruchtbarer Streit zwischen den Theologen. Für die einen waren Brot und Wein nach Aussprechen der Konsekrationsworte der wahre, d.h. historische, gekreuzigte Leib und das wahre, am Kreuz vergossene Blut Jesu (*Radbertus, Lanfrank, Silva Candida*), für die anderen waren die gesegneten Gaben Brot und Wein auf dem Altar nur *Bild* (*figura*) und

---

8 Der Erfolg der experimentierend-messend-rechnend vorgehenden Naturwissenschaft (und Technik) bewog in der Neuzeit Philosophen wie *Ludwig Feuerbach* – Wortführer einer neuen Mentalität –, nur noch sinnlich erfassbare Dinge als *real* anzuerkennen; körperlose Wesen seien pure Produkte menschlicher Einbildungskraft, d.h. irreal.

Gleichnis (*similitudo* – *Ratramnus, Berengar*) des Kreuzesgeschehens. Die strikten Realisten setzten sich durch und prägten weithin die Vorstellungen auch der Volksfrömmigkeit.

Dabei wirkte sich die *Entgegensetzung* von Zeichen/ Symbol und Wirklichkeit fatal aus. Im Gegensatz zum biblischen, ja antiken Denken überhaupt galt immer mehr das Stofflich-Materielle als wahre Realität, das Seelisch-Geistige aber als mindere, abgeschwächte, da nicht *fest* stehende und nicht *fest*stellbare Realität.

Eine solche den Glauben umkleidende Sicht ist besorgt, dass Leib und Blut Christi, die empfangen werden, im Vollsinn real vorhanden sind, ebenso real wie Brot und Wein. Da aber für den Augenschein Brot und Wein verbleiben, war zu glauben, dass unsichtbarerweise der reale Leib, das reale Blut Jesu auf dem Tisch liegen, von den Gläubigen verehrt und empfangen werden. So kam es zur Vorstellung einer „(Ver-)Wandlung" (*conversio*) von Brot und Wein in Leib und Blut Jesu, die aber junsichtbar geschehe und, weil unsichtbar, nur geglaubt werden könne bzw geglaubt werden müsse.

Diese Deutung besingt *Thomas von Aquin* in dem berühmten Lied „*Pange, lingua*" (*Preise, Zunge*"): durch das Wort („*verbo*") werden wirkliches Brot zu Christi Fleisch, Wein zu seinem reinen Blut, auch wenn die Sinne hier versagen („*si sensus deficit*"/ „*sensuum defectui*"); der reine Glaube genüge („*sola fides sufficit*"), und der Glaube möge das für die Sinne ungreifbare Hinzukommende – Leib und Blut Christi – gewähren („*praestet fides supplementum*").

Europäischer Verstand sagt also: dass die Brothostie zu Jesu wirklichem Leib „verwandelt" werde, lässt sich nicht beweisen, man kann es nur – oder muss es eben – glauben.

Daraus nährt sich die verbreitete Vorstellung, *glauben* heiße, Unbeweisbares für wahr halten.

Allerdings bewirkt die Deutung des Zentralgeschehens der Eucharistie als „Wandlung" eine ´Verdinglichung` des Glaubens-*Inhaltes*. Sogleich regt sich ja die Frage, *wie das geht*. Da Brot und Wein in ihrer materiellen Beschaffenheit erhalten bleiben, soll man vielleicht annehmen, dass Leib und Blut Christi unsichtbar ´unter` Brot und Wein oder ´neben` ihnen zu stehen kommen (so Luther und andere)? Oder *in* den Elementen? *Hinter* ihnen? Das aber hieß, vier Dinge (oder Substanzen) nebeneinander, in Parallele, anzunehmen: zwei sichtbare, zwei unsichtbare.

Thomas von Aquin schlug vor, die „Wandlung" *meta*physisch zu deuten: als *Trans*substantiation.

Der Begriff *Transsubstantiation* ist ein philosophisches Interpretament für die Deutung des Vorgangs: die „Substanz" = das *Wesen* von Brot und Wein werde ausgetauscht bzw. verwandelt und ersetzt durch die „Substanz"/das *Wesen* von Leib und Blut Jesu. Äußerlich, an den materiellen Eigenschaften von Brot und Wein ändere sich nichts; für die Augen des Glaubens aber sei ihr innerstes Wesen – *meta*physisch gedacht – nunmehr der leibhaftige Jesus Christus mit seinem Blut.

Durch „Wandlung" würden also Leib und Blut Christi zu neuen „Wesen", zu den nur dem Glauben fassbaren, übernatürlichen „Substanzen" (= Christus-Leib und -Blut) von Brot und Wein. Die physischen Substanzen Brot, Wein würden durch „Wandlung" gleichsam degradiert zu bloß physischen, äußerlichen, Eigenschaften der „wahren Substanzen" Leib und Blut Christi. Durch „Wandlung", ins Werk gesetzt durch die Worte „Das ist mein Leib, mein Blut", würden die physischen *Substanzen* Brot und Wein überwunden, an ihre Stelle träten die *Substanzen* Leib Christi und Blut Christi.

Ersichtlich ist diese Deutung der Abendmahlsworte ebenfalls ein Antwort-Versuch auf die Funktionsfrage: Wie geht das zu? Was passiert da? Was *macht* Gott, dass Brot zum Leib, Wein zum Blut Christi *wird*? Sieht man auf den personalen Charakter und den biblisch-theologischen Hintergrund der Glaubenswirklichkeit, dürfte auch diese Deutung ´unter Niveau` sein.

Weil man jedoch auf katholischer Seite den Eindruck hatte, Theologen der Reformation würden die *Realität* der „Wandlung" bezweifeln, zumindest abschwächen und so den Heils-Wert der Messfeier aushöhlen, erklärte das *Trienter Konzil* [9], die „Wandlung" werde „sehr treffend" (*aptissime*) „Transsubstantiation" genannt; es gehe um die „wunderbare und einzigartige Wandlung (*conversio*) der ganzen Brotsubstanz und der ganzen Weinsubstanz in Leib (*corpus*) und Blut [Christi], wobei selbstverständlich der Augenschein (*species*) von Brot und Wein erhalten bleibt" (Sess. XIII, can. 2). Man wollte sicherstellen, das Sakrament enthalte „wahrhaft, wirklich und substantiell Körper (*corpus*) und Blut zusammen mit der Seele und Gottheit unseres Herrn Jesus Christus und somit den ganzen Christus" (can. 1). Eine andere Denkform war nicht zur Verfügung.

Besorgt zählte man alles auf, was zu Christus gehöre, damit er „ganz" sei; wollte sicher gehen, dass der Glaube *ganz* sei, nicht etwa Christus verfehle, etwas anderes

---

9 Die *Trienter* Erklärung erfolgte 1551. Das *Augsburger Bekenntnis* (1530) sagt, „dass wahrer Leib und Blut Christi wahrhaft unter der Gestalt des Brots und Weins im Abendmahl gegenwärtig sei und da ausgeteilt und genommen werde" (Art. X). *Luther*, der gegen *Zwinglis* „Bedeutung" am „Ist" festhält, ersetzt die „Transsubstantiation", da zu *philosophisch,* durch „Konsubstantiation" (eine andere *philosophische* Deutung). *Calvin* sieht im Abendmahl eine ´nur` geistliche Vereinigung der Gläubigen mit dem zur Rechten Gottes erhöhten Menschensohn..

ergreife, statt des *wirklichen* Christus ... Bischöfe und Theologen des Trienter Konzils fühlten den Glauben an die Realität der Gegenwart Christi in der Messe bedroht durch reformatorische Neu-Deutungen und definierten, im Eucharistie-Sakrament seien „Leib und Blut Christi ineins mit seiner Seele und seiner Gottheit wahrhaft, wirklich und substanziell enthalten", *nicht* „nur (tantummodo) wie im *Zeichen, Bild* oder in der *Kraft*" (sess. XIII. Can.1).

Man sieht, wie hier Begriffe dinglicher Realität („wirklich", „substanziell") gegen „Zeichen, Bild, Kraft" gestellt werden, voraussetzend, physische Realität sei die stärkste, von ihr angeregten Begriffe seien die besten. Auch im 20. Jahrhundert steht man amtlich noch stark im Bann dieser Kontroversen, wenn der *Römische Katechismus* (von 1993) betont, Christus sei in der Kirche gegenwärtig zwar auch in der Verkündung der Frohen Botschaft, der Sakramentenspendung, *besonders* sei er aber gegenwärtig in der Eucharistie, weil er hier voll und ganz (als Gott und Mensch) da sei (Nr. 1374).

Eine Denkweise, die Grade der Gegenwart Christi anzunehmen scheint und die Frage umgeht, ob und – wenn ja – warum Christus zB in seinem Wort nicht voll und ganz gegenwärtig sei.

Sehr traditionell geprägte Katholiken artikulieren immer wieder die Angst um das Heil, das man verliere, wenn man nicht „richtig" glaube.[10] Deshalb behaupten sie, die „Transsubstantiation" (Wesensverwandlung) sei durch die Konzilien (IV. Lateran, Trient) als strikte, unersetzliche Glaubenswahrheit definiert worden. Sie lehnen jede Neu-Interpretation des Eucharistie-Geschehens ab, weil sie einmal gelernt haben, bei der Konsekration von Brot

---

10 Die Angst fragt nicht, ob sie nicht zu klein von Gott denke: „Wenn unser Herz uns verurteilt, Gott ist größer als unser Herz und er erkennt alles" (1Joh 3,20)

und Wein würden das Brot und der Wein direkt in den ganzen Leib und das ganze Blut Christi verwandelt.[11]

---

11 Herkömmliche Erklärung sagt: „Nach katholischer Lehre kann man nach der Wandlung nicht länger von ´Brot` und ´Wein` sprechen. ´Brot` und ´Wein` können infolgedessen danach nicht konsumiert werden". Der Gläubige müsse also z.B. bei der Kelch-Kommunion sagen: Ich trinke das Blut Christi!

Kindlicher oder erwachsener Glaube ?

Zwangsläufig wird damit das Eucharistieverständnis auf diesem Weg ein gutes Stück ver*ding*licht. Der Glaube will sich vorstellen, *wie* Christi (unsichtbarer) Leib *in* der kleinen Hostie *Platz* finde. Kindern wurde erklärt, nach dem Kommunionempfang bleibe Christus einige Minuten in der Seele, bis eben die Verdauung der Hostienscheibe abgeschlossen sei (Katechismus der Kath. Kirche Nr. 1377). Fromme Phantasie und Erwartung, die metaphysische Erklärung physisch (dinglich) missdeutend, forderten mehr, wollten den unsichtbaren Christus wenigstens gelegentlich schauen und harrten darauf, dass er – durch ein neues Wunder (so wie vor den Oster-Zeugen) – sich den Menschenaugen für einen Augenblick sichtbar mache (so machten Nachrichten von Hostien- und Blutwundern die Runde).

Ohnehin fällt vielen Menschen abstraktes, zumal *meta*physisches Denken schwer, sie begreifen nicht, dass mit der „Wandlung" Christus Raum und Zeit (Aspekte der „Akzidentien") entzogen ist, während das Sicht- und Greifbare eben Brot und Wein bilden (*Thomas von Aquin* [12]).

Doch hat sich ein *weiterer Nachteil* dieser Deutung („Transsubstantiation") eingestellt. Im Lauf der Jahrhunderte ereignete sich auch eine *Wandlung* des Begriffes „Substanz". Die Naturwissenschaft bemächtigte sich des ursprünglich metaphysischen Begriffes Substanz. So versteht der Sprachgebrauch heute unter Substanz etwas Physisches: ein Stück Materie, einen nicht näher bestimmten Stoff, ein chemisches Präparat. Der Bedeutungswandel zog unmerklich den Umstand nach sich, dass es vielfach erneut zu der Meinung kam, man habe es

---

12 Summa theol. III q. 76 a. 5: Christus ist im Sakrament keineswegs [*nullo modo*] örtlich [*localiter*] gegenwärtig.

– nach der „Wandlung" – mit der (freilich unsichtbaren: daher „trans" = *über, jenseits* der Sinne) physischen Substanz von Leib und Blut Jesu im Moment der Kreuzigung zu tun. Das führte zu teils abstrusen Vorstellungen und Folgerungen.

Papst *Benedikt XVI.* zitierte vor Jahren aus einer Predigt des hl. *Pfarrers von Ars* († 1859):

„O wie groß ist der Priester! ... Gott gehorcht ihm: Er [der Priester] spricht zwei Sätze aus [sog. Wandlungsworte], und auf sein Wort hin steigt der Herr vom Himmel herab und schließt sich in eine kleine Hostie ein".

Nicht wenige empfinden heute solche Aussagen als Denk- und Sprechweise auf Kind-Niveau.

Allerdings haben zahllose Katholiken es so gelernt, gespeichert, und einige haben – mit kindlichen Glaubens-Vorstellungen – ein heiligmäßiges Leben geführt. Für sie zählte nur das Bewusstsein, dass sie, als Frucht der Wandlung, Christus empfingen. Das von Christus geschenkte Heil ist ja nicht an den Bildungsgrad von Menschen geknüpft – wir sehen es etwa daran, dass Jesus auch Menschen achtete, die bloß den Saum seines Gewandes berührten, ohne viel von seiner Botschaft aufzunehmen (Mt 9,20 Par; Mk 6,56 Par), die seine Füße salbten (Lk 7,38.46- 48.50) oder, wie der Zöllner im Tempel, mit leeren Händen Gott nur um seine Gnade bitten konnten (Lk 18,13f).

Jesus pries sogar die Art von Kindern als vorbildhaft für den Empfang des Heils (Mk 10,15 Par).

Zur Art von Kindern kann gehören, dass man ein Leben lang an Vorstellungen festhält, die man als „katholisch" gelernt hat, als die einzig „wahren", um „in den Himmel zu kommen". Jede Änderung, so fürchten sie, erst recht jede Neudeutung sei ein Sakrileg, gefährde das Heil der Frommen.

Jesus freilich *korrigiert* eine enge, unduldsame Sicht bei seinen Jüngern, als sie die Aktivitäten eines fremden Wundertäters hindern wollten, „weil er uns nicht nachfolgt", das heißt, nicht unseren Weg geht: „Wer nicht gegen uns ist, ist für uns" (Mk 9,40; Lk 9,50).

Viele Christen spüren aber auch wie der Apostel Paulus: unser Erkennen ist „Stückwerk", aus bloßen „Teilen" zusammengesetzt (1Kor 13,9).

Denn „als ich ein Kind war, redete ich wie ein Kind, dachte wie ein Kind, urteilte wie ein Kind; als ich ein Mann wurde, setzte ich das Kindliche außer Kraft. Jetzt noch schauen wir durch einen Spiegel in rätselhaftem Umriss" (1Kor 13,11f).

Viele Christen, damals wie heute, haben ähnlich wie Paulus das Bedürfnis, den *Glauben nach Art von Erwachsenen* zu *verstehen*. Freilich: auch als Erwachsene erkennen sie nur „Stückwerk". Modern gesagt: auch in Theologie, Unterricht, Verkündigung wird mit „*Modell*-Vorstellungen" gearbeitet. Unter „Modellen" versteht man Annäherungen an die Wirklichkeit, genauer: angenäherte Vorstellungen und Darstellungen der Wirklichkeit. Man gebraucht Modelle, wo die Wirklichkeit, mit der man zu tun hat, zu klein oder zu groß ist für angemessenes Verstehen. Das Modell vereinfacht durch Analogien, soll aber nicht verfälschen.

Jesus selbst gebrauchte vor der Volksmenge häufig *Gleichnisse* oder Bilder. Denn sie hatte gute Chancen, alltägliche Dinge und Begebenheiten als *Symbole* zu verstehen.

In Bildern und Symbolen liegen Annäherungen an den Kern der Jesus-Botschaft. Bilder, Vergleiche und Gleichnisse sind Hilfen zum Wesentlichen, noch nicht das Wesentliche selbst. Wäre das heutzutage einer Mehrheit von Christen klar, ließen sich die meisten konfessionellen Gegensätze relativ leicht ausräumen.

Transsignifikation und die biblische Sicht

Mehr als 2000 Bischöfe des 2. Vatikanischen Konzils samt Fachleuten mühten sich wohlbedacht neu um die Grundlagen und eine stärker *biblisch-liturgische Sicht* der kirchlichen Liturgie. Sie erkannten hier die Chance für Überwindung der Kirchenspaltung und zu mehr Strahlkraft im Heute.

Aus ähnlichen Motiven ergänzten vor ca. 50 Jahren zumal belgisch-holländische Theologen den Begriff „Transsubstantiation" durch Begriffe wie „Trans*finalisation*" und „Trans*signifikation*".

Sie wollten so die neue, zuvor nicht dagewesene („trans") *Zielsetzung, Bedeutungssetzung* für Brot und Wein ansprechen, die die Frucht der „Wandlung" sei. Der Blick lag nicht mehr nur auf dem gewandelten ´Ding`, sondern auf Sinn und Zweck der Worte und der Handlung Jesu (vertreten vom Zelebranten) für die gläubig feiernde Gemeinde, für die gläubige Existenz : „für euch, für die Vielen, zur Vergebung der Sünden"! [13]

Die Wiederentdeckung der alttestamentlich-jüdischen, überhaupt biblischen Welt, des real-symbolischen Denkens, der urkirchlichen Sicht der Eucharistie hat, im Verein mit *personalem* Denken, zu bedeutsamer Erneuerung des Verständnisses der Eucharistie geführt, hilfreich, da die Feier durchsichtig wird und sich gleichzeitig das christliche Lebenskonzept zwanglos aus ihrem Gehalt ergibt.

---

13 In der Enzyklika „Mysterium Fidei" (von 1965) warnte *Papst Paul VI.* davor, zugunsten der neuen Begriffe den vom Trienter Konzil sanktionierten Begriff „Transsubstantiation" aufzugeben; neue Begriffe müssten im Einklang mit dem herkömmlichen Begriff stehen. Zu Thematik u. Hintergrund: zB *Schillebeeckx, Semmelroth, Gerken.*

Man wird sehen, dass das Wunder – wie es der Glaube nennt – dadurch nicht kleiner, sondern größer wird.

Der Apostel *Paulus* erklärt den Korinthern den Gehalt des „Herrenmahls" (1Kor 11,20) so: er habe ihnen „überliefert", was er selbst „übernommen" hatte, und zwar „vom Herrn" (v 23).

Dann folgen die Stiftungs-Worte. Maßgeblich ist also das *Überlieferte*, die Überlieferung von *Anfang* an.

Zur Struktur der Eucharistie

Die Stiftung der Eucharistiefeier erfolgte nach den drei synoptischen Evangelisten innerhalb des letzten Passah-Mahles Jesu mit den Jüngern (Mk 14,12 Par).[14] Demnach ist sie zunächst Teil dieses Mahles und bringt eine neue, erweiterte Deutung des Passah-Mahles. Nur das Johannesevangelium weicht hier ab und lässt Jesus nicht im Anschluss an das Passah-Mahl, sondern schon am Rüsttag zum Passahfest am Kreuz sterben (Joh 18,28; 19,14.36). Nach Johannes war das von den synoptischen Evangelien bezeugte Abschiedsmahl Jesu kein Passah-Mahl, wohl aber ein (Fest-) Mahl. Das Mahl – Hauptmahlzeit war am Abend, daher die Rede vom „Abendmahl" – hatte eine feste Struktur.

Auf sie weisen die Evangelisten hin, wenn es – jeweils vor den Deute-Worten – heißt: Jesus „pries" oder „dankte". So auch, als der Auferstandene mit den zwei Emmaus-Jüngern Mahl hielt: er sprach das Lobpreisgebet (Lk 24,30). Gemeint ist ein rituelles Lob- oder Dankgebet (*eulogía, eucharistía*), wie es der gläubige jüdische Hausvater zu sprechen pflegt: „Gepriesen bist Du, Herr (JHWH) unser Gott, König der Welt, der Brot hervorgehen lässt aus der Erde!" [15]

---

14 *Passa(h)* ist die einfachste Aussprache für den Namen des jüdischen Osterfestes: aramäisch פַּסְחָא; griech. Übersetzung (Septuaginta u. NT) πάσχα *pás-cha.* - Zur Frage, ob Jesus mit den Jüngern ein Passah-Mahl hielt oder ein festliches Abschiedsmahl, bietet das NT historische und theologische Aspekte. Zur Problematik *Kahlefeld*, 41f; *Welker,* 57ff; *EKD,* 18-20; *Benedikt XVI.,* 126-134.

15 Zitiert nach *Jeremias,* 103

Auch bei den Speisungen der 5000 (Mk 6,41 Par) bzw 4000 (Mk 8,7/ Mt 15,36) ist es benannt.[16]

Das *Lob- und Dankgebet*, an Gott den „Vater" gerichtet, bildet diesem Ursprung gemäß auch die *Grundform* des Abschiedsmahles Jesu und somit der Eucharistiefeier bis heute.

So schon in der frühen Kirche. Das älteste nach-biblische Eucharistiegebet findet sich in der wohl Anfang 2. Jahrhundert entstandenen Zwölfapostellehre (Did 9,1-10,6). Hier werden die uns geläufigen Deute-Worte Jesu weniger wörtlich als sinngemäß zitiert: „Wir danken (*eucharistoūmen*) dir, Vater, für den heiligen Weinstock Davids, deines Knechtes, uns kundgemacht durch Jesus, deinen Knecht/Sohn (*paīs*)"; zum Brotbrechen (*klásmata*): „Wir danken dir, unser Vater, für das Leben und die Erkenntnis, uns kundgetan durch Jesus, deinen Knecht/ Sohn" (9,2-3; Reihenfolge Kelch-Brot wie in 1Kor 10,16-17). Nach dem Genuss/Empfang folgt wieder die Danksagung (Eucharistie) [als Postcommunio-Oration]:[17]

„Wir danken dir, heiliger Vater ... Du Herr, Allmächtiger, hast alles geschaffen um deines Namens willen; Speise und Trank hast du den Menschen gegeben zum Genuss, damit sie Dir Dank sagen; uns [Christen] aber hast Du geschenkt geistliche Speise und Trank und ewiges Leben durch Deinen Knecht/Sohn" (10,1.3) .

Wenig später bezeugt der Philosoph und Märtyrer *Justin* in Rom die Eucharistiefeier. Wesentlich ist, was er über

---

16 Die Form-Ähnlichkeit zwischen den Speisungs-Erzählungen und Jesu Abschiedsmahl ist einfach erklärbar: „Die Übereinstimmungen wurzeln im jüdischen Tischzeremoniell", wozu das einleitende Segensgebet durch den Vorsteher gehört: *Gnilka*, 261. Auch die ökumenische *Lima*-Erklärung zur Eucharistie (von 1982) sieht diesen Bezug (I,1).

17 Es ist der Ort, wo nach der Tradition das Gebet über den „Segenskelch" („Becher der Preisung") gesprochen wird.

die *Form* mitteilt: Der Vorsteher der Gemeinde sende über den herbeigebrachten Gaben Brot, (Misch-) Wein und Wasser Lob, Preis und Danksagung an den „Vater des Alls ... durch den Namen des Sohnes und des Heiligen Geistes".[18]

So wird erkennbar: Der *Form* nach handelt es sich bei dieser Feier um ein *ritualisiertes Mahl* unter dem *Schirm* der Eucharistia, *des Dank(sagungs-)Gebets* an Gott, woraus es seine Lebenskraft empfängt, gesprochen vom Vorsteher, durch *Amen* bekräftigt von der Gemeinde.[19]

Origenes (3.Jh) erklärt: „Wir opfern nicht", d.h. wir haben keinen Götter-Opferkult wie andere, „aber Gott gegenüber, der uns mit Wohltaten überhäuft hat", erzeigten die Christen ihre Dankbarkeit: „Zeichen dieser Dankbarkeit gegen Gott ist das Brot, das man Eucharistie nennt".[20]

Bündig fasst diese Erkenntnis ein moderner Theologe zusammen: „Ist die Mitte des Herrenmahls der sich gebende Christus, so ist ... die Grundstruktur ... die des Dankens".[21]

---

18 Siehe *Jungmann* I, 29f.
19 So zB auch *Casel,* 69; besonders betont auch bei *Welker,* 67f
20 Contra Celsum VIII, 57, zit. nach *Jungmann* I, 31
21 *Schlink,* 491f. 502ff; einige dogmatische Differenzen kommen aus der Entfernung von dieser Grundstruktur (ebd).

Das Mahl als Sinnbild

Worin liegt nun *Sinn* und *Zweck* gerade dieser Gaben, das heißt, des Brotes, des Weines? *Brot* ist seit je *Inbegriff der Speise*, Inbegriff des *Lebens-Mittels* überhaupt. *Wein* (statt bzw neben Wasser) ist ein festliches Getränk, Sinnbild der *Lebensfreude*, gilt als Gottes-Gabe. Für Propheten ist er das Getränk der Heilszeit (Am 9,13; Jo 4,18; Jes 25,6; 55,1; Jer 31,12).[22] *Seit altersher gilt das Mahl als etwas Heiliges.* Es verbindet die Beteiligten, stiftet Gemeinschaft und gegenseitige Solidarität. Wer jemanden zum Mahl lädt, teilt mit ihm das, wovon er selbst lebt, stiftet so Lebens-Gemeinschaft. Von Anfang an gilt: Wo eine Gruppe von Menschen einen Fremden, statt ihn zu vertreiben oder zu töten, in die Gemeinschaft aufnimmt, tut sie das rituell, indem sie ihn zur Teilnahme an ihrem Mahl einlädt.

Dadurch wird er aus einem Fremden (oder Feind) zum Freund, zum Gast-Freund. Weil für ursprüngliche Empfindung Leben etwas Heiliges ist, auch das Lebens-Mittel sowie das Mahl etwas Heiliges (und also Feierliches) ist, darum ist auch gewährte Gastfreundschaft etwas Heiliges.[23]

Das gemeinsame Mahl ist so nicht nur Abspeisung mehrerer Personen, wie in irgendeiner Taverne, Mensa oder Kantine, es ist *Real-Symbol* der *Lebens-Gemeinschaft*, die hier und jetzt gestiftet wird.

Diese Sicht erklärt auch die große Irritation, welche die auffällige Mahl-Gemeinschaft Jesu auch mit ´ganz

---

22 Nach hellenischer Mythologie halten auch die Götter *Mahl*: Ambrosia („Unsterblichkeit") und Nektar. *Platon* sieht die körperlosen Seelen (Phaidon 114c) sich schauend *nähren* (*tréphesthai*) am Mahl der Götter (Phaidros 247cde).
23 Vgl. zB *Kirchgässner*, 191-199; *Bachl* (1983), 37-44; *ders.* (2008), 72-82

unmöglichen` Menschen (Zöllner, Sünder) seiner Gesellschaft auslöste.

Es hat also tiefen Sinn, dass Jesus zum Abschied das *Mahl* zum *Zeichen* der Gemeinschaft mit ihm wählt. Schon zuvor ist er als Teilnehmer an Gastmählern, auch als Gleichniserzähler, Lehrer des Gastmahls und als Gastgeber aufgetreten: Mk 2,13-17 Par (Gastmahl Levis); Joh 2,1-11 (Hochzeitsmahl zu Kana); Mt 22,1-10 / Lk 14,7-24; Mk 6,32-44 Par (Speisung der 5000); vgl. Lk 24,30; Joh 21,9- 13.

„Mein Leib", „mein Blut"

Dieses Gast-/Festmahl – nach allen Evangelisten in Relation zum Passahmahl – hat Besonderheiten.

Zunächst sagt Jesus beim Zerbrocken und Darreichen des Brotes: „Das ist mein Leib".[24]

Mit *Leib/Körper* (*sôma*) ist in der Bibel der leibhaftige Mensch ´in Person` gemeint. Mit „mein Leib" meint Jesus in den Evangelien nichts anderes als sich selbst: „Das bin ich (in Person)".[25] Nämlich *ich als dieser sterbliche Mensch, euch vertraut, der euch die ankommende Gottesherrschaft verkündet hat* (Mk 1,14f), *der jetzt aber den* (frühen, gewaltsamen) *Tod vor sich sieht, den er im Einklang mit dem „Vater" auf sich nehmen muss.*

Die Gottesherrschaft wird kommen trotz meines Todes, durch meinen Tod hindurch (vgl. Mk 14,25 / Mt 26,29; Lk 22,16 / 1Kor 11,26).

Mit „mein Leib" meint Jesus sich als Menschen, der in und aus einer elementaren Treue-Beziehung zum „Vater" lebt, gerade auch hier und jetzt, eine Treue, die bis ins Äußerste durchgeschüttelt werden wird (Mk 14,32-42 Par). Es ist Jesus unmittelbar vor der Ankunft in Getsemani, vor Verhaftung, Verleugnung durch Petrus, Flucht der Jünger. In „mein Leib" ist also die Menschlichkeit Jesu, sein Zittern in Todesangst (Mk 14,34 Par; Lk 22,44; Hebr 5,7) inbegriffen.

Zum Preis- und Dankgebet über dem Weinbecher sagt Jesus: „Das ist mein Blut"!

---

24 In griechischer Fassung: $\tau o \hat{\upsilon} \tau \acute{o}\ \acute{\varepsilon} \sigma \tau \iota \nu\ \tau \grave{o}\ \sigma \hat{\omega} \mu \acute{a}\ \mu o \upsilon$; lateinisch (Vulgata): *hoc est corpus meum*

25 So auch zB *Pesch*, 71; *Welker*, 98; so kann man von „Personalpräsenz" (die ´Realpräsenz` verdeutlichend) Christi in der Eucharistiefeier sprechen, doch erfasse auch dieser Begriff nicht alle Aspekte: ebd, 99-107. Vgl. *EKD*, 27f !

Der andächtige Christ, der feierlich aus dem Becher trinkt, denkt gewöhnlich an das Blut, das Jesus am Kreuz vergoss bzw verlor. Zu bedenken ist aber, dass Jesus diese Worte nicht am Kreuz oder vom Kreuz herab spricht, sondern „am Abend vor seinem Leiden", d.h. vor seiner Gefangennahme und vor dem Todesurteil.

Die bildhaften Darstellungen des Gekreuzigten heben den blutigen Charakter dieser Todesstrafe zumeist eindrücklich hervor. Gewiss floss nicht wenig Blut bei Jesu Kreuzigung. Doch war den Menschen, die Hinrichtungen am Kreuz oft vor Augen hatten, bekannt, dass Gekreuzigte nicht an Blutverlust starben, sondern an Sauerstoffmangel, also erstickten (Kreislauf-Kollaps). Das Brechen der Beine beschleunigte dieses Ende. Der Kreuzes-Tod war also *kein Tod nach Art des Schächtens*, wie beim Sühnopfer, Brand- und Mahlopfer, wo der Schlächter bzw der Priester auf das Ausbluten des Tiers achtet und sein Blut sorgsam ausgießt bzw auffängt.[26]

Im Hintergrund von Jesu Wort steht vielmehr das Blut in der Bedeutung als *Sitz des Lebens,* die ja das Verbot des Blutgenusses begründet (vg. Lev 17,10-14; Dtn 12,16). Blut erscheint hier in Jesu Deute-Wort in der Bedeutung von *Leben,* das allein von Gott gegeben wird (Lev 17,11). Das Possessivpronomen „mein" besagt also *Jesu* Leben.

Indem Jesus „mein Blut des Bundes, ausgegossen" formuliert, meint er die Hingabe seines Lebens an Gott; opferkultisch gesprochen, die Rückgabe seines Lebens an Gott.[27]

Die Hingabe seines Lebens an Gott umschreibt Jesu gesamte Existenz – im NT als „Gehorsam" gewürdigt –,

---

26 Vgl. dazu *Volz,* 121ff

27 Statt „vergossen" ist zu übersetzen „ausgegossen" (gr *ekchynnómenon,* hebr *špch*), entspr. der Vorschrift Dtn 12,16 Der Bezug auf den (neuen) Bund folgt der Ankündigung eines neuen Gottesbundes bei Jer 31,31-34.

die im Tod definitiv, *end*gültig wurde. Es ist primär nicht auf das Blut-Vergießen als zum Tod führendes Leiden zu achten, sondern auf Jesu Hingabe seines ganzen Lebens (anschaulich in seinem Blut) an den „Vater". Wegen der Widerstände und Machenschaften der damals führenden Kreise, also wegen der historisch-politisch-strafgesetzlichen Begleitumstände lief die Selbsthingabe Jesu an Gott auf die Annahme des ihm zugefügten Verbrecher-Todes hinaus (für die Feinde das Mittel, ihn zu eliminieren), *ohne* dass *zu folgern* wäre, Jesu Tod – eben *dieser* Tod (Kreuz, Galgen) – sei als solcher von Gott gewollt, vorgesehen gewesen.

Das Blut also deutet nicht primär auf den Tod, sondern ist – als traditionelles Äquivalent des Lebens – zusammen mit „mein Leib" Ausdruck für Jesu *Ganz*-Hingabe: Jesus gibt sich selber, wie er „*leibt* und *lebt*", dem „Vater", gibt sich, ineins damit, „für euch", „für viele".

Opfer:

Jesu *Selbsthingabe an Gott und seinen (Heils-)Willen* ist das in den Psalmen (40, 50, 51, 69, 116) schon anklingende, einzige, alle anderen fortan ersetzende *Opfer*. Der umstrittene Begriff bedarf einer grundsätzlichen Erwägung.

Die gebräuchlichen Glaubensbekenntnisse der Kirche lenken die Aufmerksamkeit der Christen ohne Umstände auf das Todesleiden Jesu: *geboren von der Jungfrau Maria, gelitten unter Pontius Pilatus, gekreuzigt, gestorben und begraben*. Das sog. Große Bekenntnis sagt zwar von Jesus Christus, er habe *Fleisch angenommen* und sei *Mensch geworden*, fährt aber sogleich fort: *Er wurde für uns gekreuzigt ...*

Diese Eigenart der Glaubensbekenntnisse geht einig mit den verknappten Aussagen in den Briefen des NT: Wir wurden „mit Gott versöhnt durch den Tod seines Sohnes" (Röm 5,10), der Sohn „hat uns versöhnt durch den Tod seines sterblichen (*wörtlich*: fleischlichen) Leibes" (Kol 1,22). Etwas ausführlicher der Hebräerbrief: „Jesus, nur für kurze Zeit unter die Engel erniedrigt, sehen wir wegen des Todesleidens mit Herrlichkeit und Ehre bekränzt, da er durch Gottes Gnade für jeden (Menschen) den Tod zu schmecken bekam" (2,9). Aufschlussreich der Versanfang. Jesu irdische Lebenszeit wird gleichsam achtlos nur nebenbei erwähnt: „nur für kurze Zeit".

Die frühe, bekenntnishafte Akzentuierung des Todes Jesu ließ Paulus folgern, der Christ sei „auf Jesu *Tod* hin getauft" (Röm 6,3).

Nur der vom Apostel überlieferte urchristliche Hymnus ist in dieser Hinsicht ausführlicher:

Er entäußerte sich selbst,
indem er Knechtsgestalt annahm,
wurde menschengleich;
der Art nach befunden als Mensch,
erniedrigte er sich selbst,
indem er Gehorsam leistete bis zum Tod,
bis zum Tod am Kreuz (Phil 2,7-8)

Es wird sogar noch mehr gesagt: der Gottgleiche habe sein Gott-gleich-sein „nicht wie ein Beutestück an sich gepresst" (2,6), sondern, nach Knechtsart dienend, die Menschen daran – als an einem Hulderweis Gottes – teilhaben lassen bis zum Ende seines Daseins. Dass er so im Sinne Gottes recht tat – *zur Verherrlichung Gottes des Vaters* (v 11) –, zeigte sich darin, dass nach dem Tod am Kreuz ihm seine Erhebung zum Himmel wieder als Gottesgeschenk (*cháris*) zuteil wurde (v 9).

Jesus bezeugte somit Gottes einzigartige Huld, indem er sein Leben derart wie ein ´Dienstleister` Gottes führte und an ihr die Menschen an seinem Weg teilhaben ließ.

Diese Dienst leistende Gesinnung und Gesittung mutet Paulus auch den Christen zu: sie sollen in Demut und zuvorkommender Liebe einander zugetan und dienstbar sein (Phil 2,1-5).

Die Briefe des NT mit der Neigung, Jesu Menschsein auf die Annahme des Kreuzestodes zusammenzudrängen, sind zumeist früher als die Evangelien entstanden.

Die *Evangelien* bilden ein bedeutsames Gegengewicht, da sie die Selbstentäußerung des „Sohnes" für die Menschen Israels in farbigen Bildern und Szenen vor Augen führen und konkretisieren, ihr damit Bodenhaftung verleihen. Hier kommen Jesu Begegnungen mit Menschen zu Wort: Lehrstücke, Gespräche mit Kritikern über den Willen Gottes, zahlreiche Heilungen – manche gepaart mit Sündenvergebung –, Speisungen, Totenerweckungen, nicht zuletzt die Berufung von zwölf Jüngern.

Machen wir uns bewusst: diese konkreten Beispiele und Ausschnitte von Jesu demütigem „Gehorsam" bilden – aufgeteilt durch das Kirchenjahr und die Leseordnung – zusammen mit der Homilie in der Eucharistiefeier den ´Introitus`, d.h den *Eingang* zum „Abend vor seinem [Jesu] Leiden", seinem Leidensgehorsam, welcher in der Folge rezitiert und kommemoriert wird.

Zusätzliche Bedeutung, von den drei synoptischen Evangelien festgehalten, haben die sogenannten Versuchungen Jesu, die Prüfungen seiner Sendungs- und Auftragstreue darstellen (Mk 1,13 Par).

Auch der Johannes-Evangelist erwähnt einmal eine Prüfung Jesu durch Gegner, die ihre Gegnerschaft hinter Buchstabentreue zum Gesetz verstecken (Joh 8,6).

Die Versuchungserzählungen veranschaulichen, dass auch Jesus angefochten, dass er verschiedenartigen Verlockungen, Werbungen, Angeboten (auch seriösen) ausgesetzt war (vgl. Hebr 2,18; 4,15).[28] Da Jesus (wie die Glaubensbekenntnisse betonen) wahrer Mensch war, konnte ihm, dem von Gott Berufenen und Gesandten, seine Sendung nicht von vornherein in allen Einzelheiten und in jeder Situation klar sein. Vielmehr musste er sich von Fall zu Fall, von Situation zu Situation über sie klar werden, und zwar in Auseinandersetzung mit von außen wie von innen kommenden Alternativen. Er musste seinen „Beruf" erlernen und – erleiden. Das betende Ringen mit dem „Vater", im Garten Getsemani geschrumpft auf zwei Alternativen – *nicht was ich möchte, sondern was du* (Mk 14,36 Par – als 3. Bitte ins „Vaterunser" eingefügt) –, ist als Entweder-Oder wohl kaum etwas

---

28 Dazu einige Hinweise zB bei *Bruners*, 60-63; stärker dogmatisch *Benedikt XVI, Jesus I,* 54-74.

Einmaliges, sondern begleitete Jesus und kennzeichnete seine betende Selbstvergewisserung entlang seiner irdischen Sendung. Exemplarisch wird diese betende Selbstprüfung angesichts von Alternativen dargestellt in *Kafarnaum*: Als er viele geheilt hatte, der Strom der Heilung Suchenden aber nicht abreißt, sucht Jesus Abstand von der Menge und den Jüngern, um sich seiner Sendung neu zu vergewissern. Als die Jünger, getrieben von der Menge, ihn schließlich aufstöbern („alle suchen dich" hat etwas von *alle versuchen dich*), hat Jesus neue Klarheit gewonnen: nicht auf Bitten und Drängen von Patienten und Angehörigen achten, nicht Fortsetzung der Heilungen in Kafarnaum, sondern Weiterreise in andere Orte, um auch dort die Frohe Botschaft (gemäß Mk 1,14f) zu verkünden: „denn dazu bin ich angetreten" (Mk 1,38). Auch Matthäus und Lukas erwähnen verschiedentlich Jesu Rückzug aus der Öffentlichkeit in die Einsamkeit betenden Ringens (Mk 6,46 Par Mt 14,23; 26,36.42; Lk 3,21; 5,16; 6,12; 9,18.28; 11,1; Joh 6,15).

Als wahrem Menschen war es Jesus auferlegt, das Ja zur Sendung, zum „Willen des Vaters" durch Stationen seines Lebenswegs hindurch immer wieder einzuüben, zu vertiefen und zu festigen, nachdem er ihn zuvor – manchmal offenbar mit Mühe – hier und jetzt, von Situation zu Situation erfasst hatte.

Dass er schließlich in Getsemani ein letztes Ja zum Sendewillen des „Vaters" (*Abba*) sagen konnte, war folglich keine einzelne, isolierte Großtat der Alles-oder-Nichts-Kategorie (auch wenn dieses Ja selbstverständlich für ihn und die Jünger entscheidende Bedeutung hatte). Vielmehr war es vorbereitet, eingeübt und grundgelegt im Ringen mit den vorausgehenden ´Versuchungen`, Verlockungen und Angeboten aller Art, vor denen Jesus immer wieder neu sich selber betend einstimmte auf seine Berufung, auf deren Wesen, Kern, Art und Stil.

Man sollte also nicht denken, Jesu Ja zu Verhaftung, Folter und Liquidierung durch seine Feinde sei ein exzeptionell-einsamer Akt gewesen, ohne gestufte Einübung in seinen vorausgehenden Entschlüssen und Handlungen.

Anders gesagt: das Ja von Getsemani ist schwerlich denkbar ohne vorausgehende Einübungen des Ja zum je konkreten Willen des „Vaters". Die je und je erneuerten Entschlüsse für den so und nicht anders erkannten Willen Gottes erbauten nach und nach die personale Grundausrichtung Jesu, sodass (gemäß dem Axiom *das Tun geht aus dem Sein hervor*) sein schlussendliches Ja aus dieser Lebensleistung, d.h. aus der Entschiedenheit wie aus einer Quelle fließen konnte – wenngleich die dramatische Situation am Ende nochmals eine Zuspitzung jenes Ja bedeutete, das ihm schon früher wiederholt abverlangt war.

In anthropologischer Betrachtung[29] verläuft ein Menschenleben nicht als Aneinanderreihung loser Betätigungen auf einer Spielwiese, bis der Vorhang fällt und die Spieler ein Examen passieren, das mit Amen als bestanden gilt. Jeder Mensch lebt als Person vielmehr zuinnerst eine Geschichte seiner Selbstverfügung, in der er die Welt: Dinge, Möglichkeiten, Menschen kritisch unterscheidend sich aneignet in Ja und Nein. Die freie Selbstsetzung und Selbstverfügung geschieht selten punkthaft, benötigt Zeit und Raum, Prüfung (durch Versuch und Irrtum), sucht Klarheit mit allen Sinnen. Die Wahlfreiheit will, durch alle Prüfungen hindurch, zumal wo sie sich vor Gott weiß, sich jeweils fortbestimmen zu freier Entschiedenheit, um neu ankommende Verlockungen zu Alternativen des eingeschlagenen Wegs zu meistern.

---

29 Zur christlichen Anthropologie zB *Guardini*, 81-134; *Müller*, 25-29;85-89;173-179; *Rahner* (1965), 215-237;(1976), 46-53; *Häring*, 171-224. Vgl. auch den Begriff „Existenz" bei *S. Kierkegaard* u. „L`Action" von *M. Blondel*

Auch wo sich eine Person unter Gottes Heilswillen stellt, durchläuft dieser Akt eine Geschichte der Selbsterneuerung mit und in Konflikten. Entscheidung für Gottes Willen kann nicht zu irgendeinem (möglichst frühen) Zeitpunkt ein für alle Mal getroffen werden, da Gottes Wille nicht unbeweglich wie ein Sternbild am Himmel fixiert ist, sondern im *Augenblick* (biblisch: *Kairos*) begegnet. Der Augenblick, der in ihm zum Vorschein kommende Mensch oder die darin eröffnete Wahlmöglichkeit oder das konkrete Schicksal ist dann der bzw das jeweils „Nächste".

Dazu hin erfährt ein Mensch, je mehr seine Lebensgeschichte fortschreitet, einen allmählich zunehmenden Machtverlust im Sinne der Einengung seiner Freiheit. Schließlich erlebt er den andrängenden Tod als „Aufforderung an die Freiheit, sich gerade am ´Material` des Sterbens mit seiner Ohnmacht und Einsamkeit endgültig dadurch für Gott zu entscheiden", dass sie diese Situation „radikaler Ohnmacht und eines Verschlungenwerdens durch die Unbegreiflichkeit" Gottes in Hoffnung annimmt.[30] Das endgültige Ja zu Gott im Angesicht des Todes ist daher die Vollendung der Glaubensgeschichte. Wenn daher Paulus den Christen so charakterisiert, dass er auf Jesu Tod hin getauft sei (Röm 6,3), könnte man mit Recht auch sagen, der Christ sei auf Jesu *Glauben* hin getauft. Wenn *Glaube* heißt, sich Gott und seiner Lebensverheißung zur Verfügung zu stellen, so heißt der Glaube, in dem ein Mensch sein Leben in Gottes Leben übergibt, *Tod*.[31] Vor dem Horizont biblischen Glaubens ist also die menschliche Freiheitsgeschichte zutiefst Selbstverfügung in Bezug auf das DU Gottes, denn „alle Dinge sind Worte Gottes zu jenem Geschöpf hin, das von Natur bestimmt

---

30 *K. Rahner*, Die Freiheit des Kranken in theologischer Sicht, in (1975), 444

31 *K. Rahner*, Passion und Aszese, in. (1961), 96

ist, im Du-Verhältnis zu Gott zu stehen"; sie erschließen ihm ihren göttlichen Sinn im *Kairós*.[32] Das gilt erst recht von den Menschen am Weg. Denn „das Ich wird am Du" (*M. Buber*), ebenso am „Ihr" und am „Wir". Mag Jesu Ich in einzigartiger Weise sich „am Vater" (als Berufendem) bilden, so bilden doch die Jünger, die Leidenden, Pharisäer, Schriftgelehrte, Zöllner und Ausländer das Ich Jesu mit. Sie alle sind, bewusst oder unbewusst, mitgegenwärtig im Ringen von Getsemani, gehen in unterschiedlicher Weise in Jesu Ja zum „Vater" ein. Das abschließende Ja in der Einsamkeit und Angst von Getsemani ist also auch Ergebnis von Jesu gesamtem Existenzvollzug vor Gott und den Menschen, das dort im Garten wie unter einem Brennglas aufglüht.

Die so umrissene Sicht hat *Konsequenzen* für das adäquate Verständnis der Eucharistiefeier.
Die Feiernden, die am abschließenden Gastmahl Jesu teilnehmen, erhalten Anteil an der Speise, von der Jesus selbst lebt, das heißt, an seiner Hingabe an den Liebeswillen des „Vaters" – Hingabe, die sich in seiner Annahme des Todes vollendet, den die Feinde ihm bereiten. Dies ist das „lebendige Opfer" Jesu, in das einzugehen auch die Jünger berufen sind. Dieser sein ganzes Leben enthaltende und zusammenfassende (insofern einmalige) Hingabe-Akt Jesu wird in der Eucharistiefeier so begangen und vergegenwärtigt, dass alle Gäste, die zum Tisch des Wortes, des Leibes und des Blutes zugelassen sind, ihm einverleibt, in ihn hineingenommen und *zugleich* miteinander vergemeinschaftet werden in Analogie, Fortsetzung und Aktualisierung von Jesu Gemeinschaft mit den Jüngern, dem „Haus Israel" und den ʼHeidenʻ am Rande (vgl. Röm 11,17f). Darin vollzieht sich „Kommu-

---

32 *Guardini*, 113f; *Müller*, 28f.177

nion", die, recht bedacht, für die Teilnehmer anhebt mit der Verkündung und dem Hören des Wortes des Kyrios Jesus Christus und mit der dankend-gedenkenden Hinwendung der Herzen zum „Vater".

Das NT nennt die Selbsthingabe Jesu an Gott, sein Selbstopfer an Gott auch „Gehorsam". Jesus war „gehorsam" (*hypækoos*) bis zum Tod, gar bis zum Kreuzestod (Phil 2,8). Der „Gehorsam Christi" (2Kor 10,5) war erkämpft, erlitten, an seinen Leiden hat er den „Gehorsam" *gelernt* (Hebr 5,8).

Er übt den „Gehorsam" für seine Sendung, sein geistiges Opfer, auch aus, als er, Gott Dank sagend, beim Abschied den Jüngern Brot und Wein reicht als Anteilgabe an ihm und seinem Gehorsams-Opfer. Das Opfer ist also nichts anderes als „der Christus, der sich dem Vater anvertraute und als Speise sich uns anvertraute".[33]

Erst das fatale Ende von Jesu Lebensweg, seine Aufhängung und Annagelung am Kreuz-Galgen, trieb die Jünger, als sie Jesu Auferweckung als Gottes Heilstat verkündeten, für das schmähliche Ende Jesu gesonderte Erklärungsmodelle zu suchen. Ein als Verbrecher am Holz/ Pfahl Gehenkter gilt als von Gott Verfluchter (Dtn 21,23). Die frühe Kirche fand vor allem zwei Interpretamente: das vom Sühnetod (vgl. Röm 3,25; Hebr 9,11ff) und das vom leidenden Gerechten, der stellvertretend litt, um durch seine Wunden die Sünder zu heilen (Jes 53 / 1Petr 2,21-24).[34]

---

33 *Rahner* (1985), 73

34 Vgl. zB *Limbeck*, Kap. 11-13; ausführlicher *Theißen*, 200-211. Jesu Kreuzestod wurde noch Jahrhunderte später so problematisch empfunden, dass er *Mohammed* bewog, gegen jüdisches „Gerede" zu betonen, der Kreuzestod habe nur den *Menschen* Jesu getroffen, nicht den Gesandten u. „Geist" von Allah: Koran 4. Sure; s. *Schedl*, 466-471.

Aber diese Interpretamente fixieren das *Ende* Jesu, erfassen nicht das Ganze seiner Lebensleistung.

Nach dem Vorangehenden ist klar, dass nicht erst (gar nur) sein Tod, sondern schon seine gesamte Existenz- und Lebensleistung ein kontinuierlich vertieftes Opfer im genannten Sinne bedeutet.[35]

Exemplarisch erklärt der johanneische Jesus seine lebenslange Konsequenz: „Meine Speise (*brôma*) besteht darin, dass ich das Wollen dessen tue, der mich gesandt hat, und sein Werk vollende" (Joh 4,34). Der Sende-Wille des „Vaters", sein Liebes- und Heils-Wille, wird ihm je neu zum Lebens-Mittel. Es ist seine *ureigene* „Speise", die er im Abschiedsmahl mit den Jüngern teilt und an sie weitergibt.

Die Mitte der Brotrede im Johannesevangelium ist Jesus, der sich selbst, sein gehorsames Fleisch und Blut, zur Speise gibt.

Wenn ihr nicht esst das Fleisch des Menschensohns und nicht trinkt sein Blut, erhaltet ihr kein Leben in euch selbst. Wer mein Fleisch isst und mein Blut trinkt, erhält ewiges Leben (6,53f). Und: *Wer mich isst, wird auch leben durch mich* (v 57).

Jesus ruft hier nicht nur zum Verzehr seines Fleisches, sondern auch seines Blutes auf. Blut als Lebenskraft ist aber für Juden ein verbotener Trank (Dtn 12,23f). Daher finden auch etliche Anhänger sein Wort „hart", d.h. „ungenießbar" (Joh 6,60). Sie verstanden die Worte „fleischlich" nicht als „Geist und Leben" (v 63).

---

35 So auch *Knauer,* 246f; *Schillebeeckx* (1976), 272. 276

„Tut dies zu meinem Gedächtnis!"

Im Ersten Testament sagt die Vorschrift, der Passah-Tag solle jährlich als „Gedenken" (hebr.: *zāchar – zikkaron;* LXX *mnæmósynon, mnæmoneúete*!) des Auszugs aus Ägypten mit Hilfe Gottes begangen werden (Ex 12,14; 13,3.8). Was Gedenken bedeutet, erklärt der Talmud:

„ ... deswegen sind wir verpflichtet, zu danken, zu preisen, zu loben, ... zu besingen Ihn, der unseren Vätern *und uns* all diese Wunder getan hat, uns aus der Knechtschaft zur Freiheit herausgeführt ...“

(Mischna-Traktat P*sachim).

Wer Gottes und seiner Wohltaten gedenkt, tut dies, indem er Gott *dankt* – und der Dank ist zugleich Lobpreis Gottes: *Dankendes Gedenken.*

So auch Jesus. „Tut dies zu meinem Gedenken" (εἰς τὴν ἐμὴν ἀνάμνησιν 1Kor 11,24f; Lk 22,19)

heißt für die Jünger dankender Lobpreis Gottes im Gedenken an Jesus, der so sein Mahl begann:

„Er dankte" (*eucharistæsas*: 1Kor 11,24; Lk 22,19; Mk 14,23; Mt 26,27; bei Mk und Mt mit „lobpreisen" [*eulogæsas*:[36] 14,22; 26,26] verstärkt). Zum Gedenken an Jesus gehören auch die Worte über Brot und Becher, das Brechen des Brotes, das Umherreichen des Bechers.

Es ist aber eine Verengung (die häufig unterläuft), unter Gedenken oder „Gedächtnis" Jesu nur die überlieferten Deute-Worte und -Gesten zu verstehen. Daher formuliert das unter dem Namen des Hippolyt tradierte Hochgebet: *„Gedenkend also seines Todes und seiner Auferstehung* bringen wir Dir (*Gott*!) das Brot und den Kelch dar, indem wir Dir Dank sagen, dass Du uns für würdig befunden hast, vor Dir zu stehen und Dir zu dienen" (es folgt die Bitte um den Hl. Geist).

---

36 „Das tut" meint die ganze Handlung, nicht nur die Stiftungsworte: *Theobald* 271.

Das ist *Anamnese* in der kürzesten Form. Recht verstanden *ist schon die Präfation (Anaphorá), ja der ganze vorausgehende Wort-Teil (Gebete, Lesungen, Homilie) Anamnese, d.h. „Gedächtnis" Jesu, da sie ja verrichtet werden unter der Weisung „Tut dies zu meinem Gedenken!" gleichsam als die zu Gott aufblickende, gedenkend-dankende Einweihung und Einweisung in Jesu Tun „für uns".*

Warum aber ist das mehr als ein Erinnerungsstück, mehr als eine gewöhnliche Gedenkfeier? *Die Grundlage für die Form gedenkende Begehung stammt nämlich aus der Passah-Feier* in Israel:

„In jeder Generation ist ein Mensch verpflichtet, sich selbst so zu betrachten, als ob *er* aus Ägypten gezogen sei ... darum sind wir verpflichtet zu danken, zu loben, zu rühmen ... zu huldigen dem, der an unseren Vätern und an uns allen diese Wunder getan hat".[37] Die Talmud-Regel ruht auf Moses Weisung an das Volk: „Konfrontiere deinen Sohn an diesem Tag (Passah) mit dem Wort: Dies hat getan der Herr (JHWH) für *mich* bei *meinem* Auszug aus Ägypten!" (Ex 13,8). So liegt im Pessach-Seder, wo der Vater dem Sohn das Fest erklärt, der Ton auf „dieser Nacht" (*ha-laila ha-zēh*), auf dem „Jetzt" des befreienden Handelns Gottes. Darum ist die Passah-Feier „nicht ein Fest der frommen Erinnerung, sondern der immer wiederkehrenden Gegenwärtigkeit des ureinst Geschehenen".[38]

---

37 *Talmud*, Mischna P\`esachim X. Vgl. *Pessach-Haggadah*: „Auch uns hat der Heilige mit ihnen (unseren Vätern) erlöst und von dort (Ägypten) heraus- u. in dieses Land geführt" - *Theo*logische Heimat des NT ist vorab das AT. Vorbild der *koinōnia / communio* bei Paulus ist die *kahal* in Israel.-

38 *Buber*, Moses, 87, *B.* zieht mit dem Begriff „sakramental" die Linie bis zu Jesu Abendmahl (86); ähnlich *Füglister*, 21ff

Das meint: Die israelitische Heilsgemeinde feiert den Passah (פֶּסַח)-Tag als *heute* lebendige Gegenwart von Gottes Befreiungstat aus ägyptischer Fron (Urform von Unfreiheit und Unheil).

Aber wie vermag sie das? Der Exodus liegt Jahrtausende zurück. Wenn der Vorsteher zu Beginn der Feier das ungesäuerte Brot (Mazza) bricht und über die erhobene Brot-Schale spricht „Das ist das dürftige Brot, das unsere Väter in Ägypten aßen", ist dann dieser Gedenkspruch so zu deuten, dass dieses Brot in das Mazza der Nacht des Auszugs der Väter aus Ägypten verwandelt wird? Oder dass das rasch am Spieß gebratene Lamm (so noch zur Zeit des Tempels) durch die wörtliche Rezitation der Worte der Exodus-Erzählung unsichtbar zu einem Lamm jener heiligen Nacht würde?[39] Vielleicht stellt sich ja manches Kind die Dinge zunächst so etwa vor. Doch ist der Gehalt der Feier hintergründiger. Ein gefüllter Weinbecher, eine geöffnete Tür werden bei der Zeremonie für *Elija* freigehalten. Bei allem Gedenken der Rettungswunder ist die Passah-Feier auch auf Zukunft gerichtet: den „Tag des Herrn", das neue Jerusalem, die kommende Königsherrschaft Gottes (nach Ez 36 /37) mit Elija als Boten (Mal 3,23). Das Geschenk der Freiheit ist Unterpfand des künftigen Heils.

Oft wird gesagt, das Passah sei eine *Erinnerungs-* oder Gedächtnisfeier (im schwachen Wortsinn des Alltags). Damit wird der Sinngehalt der Feier verfehlt. Denn die Feiernden glauben an JHWH, Gott der Väter, der jeder Zeit, jedem Geschlecht unmittelbar nahe und gegenwärtig ist, der nicht bloß einmal – „in grauer Vorzeit" – befreiend handelte, der vielmehr seine befreiende Hinwendung zu Israel (Rettung aus ägyptischer Unfreiheit) durch jede

---

39 Die Fragen sind rhetorisch gemeint, sie haben nur einen heuristischen Zweck !

Zeit hindurch festhält und zur *Gegenwart* der Feiernden macht. Daher die die ganze Passah-Liturgie durchziehende Betonung „auch uns hat er mit ihnen erlöst", „auch uns hat er von dort weggeführt", „für unsere Väter und uns alle hat er diese Wunder getan". Garant für die *Gegenwart* des Exodus, die Zuwendung der Befreiung an das heutige Geschlecht ist nicht die Verwandlung materieller Feier-Elemente, sondern ist Gott selbst mit seinem heilsmächtigen Willen – er, den man zu Beginn der Feier preist „Du, JHWH, unser Gott, König von Ewigkeit [von Vorzeit]!" Wenn Juden feiernd – leibhaftig in Handlungen und Gebräuchen, sich hingebend im Herzen – sich unter den Glauben der „Väter" stellen und deren Befreiung in Wort und Tat gedenken, *empfangen sie von Gott selbst Anteil* an der Befreiung, die er schon den Ahnen zuwendete: ihre von Gott gestiftete Gemeinschaft (*communio*) mit den befreiten „Vätern". Deren Befreiung wird im Passah-Fest nicht wiederholt, sondern gegenwärtig („Realpräsenz"), bleibt so „*eph`hapax*": die *einmalige,* jeder Generation gleich gegenwärtige Heilstat JHWH`s.

Ähnlich wie der Schöpfer, so vollbringt auch der Gott des Heils nicht einfach eine der Zeit unterworfene, also vergängliche Tat; dann wäre auch seine Heilstat (zB der Exodus) vergänglich. Vielmehr durchdringt er befreiend – im Modus der Einladung – jede Zeit und Geschichte, ist darum allen glaubend Feiernden in gleicher Weise aktuell zugewandt.

M.a.W.: Gottes Befreiungstat reicht herein in unsere Zeit und Gegenwart, sofern heutige Israeliten diese Gottestat dankend-gedenkend hier und jetzt begehen. Die *Exodus-Befreiung* wird nicht von „uns" (Israel) *wieder*hergestellt, *ver*gegenwärtigt (als Aufführung, rituelle Wiederholung) und so bewirkt, sondern *der Herr macht* sie für die Feiernden *zu ihrer Gegenwart, wofern sie Seiner und ihrer dankbar gedenken.*

Israels Befreiung durch Gottes Hand wird ´Realpräsenz` für jene, die ihrer am Passah-Tag dankend gedenken. Die dankend Feiernden empfangen Lebens- und Befreiungsgemeinschaft (*communio*) mit dem befreienden Gott und ihren befreiten Vätern, sind nun selber Befreite, *vom Gott* ihrer „Väter" und *mit ihnen* in Freiheit Gesetzte (vgl. Dtn 15,15; 5,3 u.a.),[40] d.h. Gottes Volk, berufen, den von Ihm geschenkten Freiheits- und Lebens-Weg zu gehen und zu bezeugen.

Die Struktur enthüllt Wesentliches auch über den *Sinn* von „Wandlung" in der Eucharistie. Bewogen vom Gedächtnis-Befehl, sah die Urkirche Jesu Abschiedsmahl als neue, von Jesu Schicksal her neu zu deutende Passah-Feier (Mk 14,12 Par) mit Christus als „Pascha-Lamm" (1Kor 5,7), verstand und feierte die Eucharistie analog zum Passah als gedenkende Begehung[41]. Passah-Schriftlesung wurde aufgenommen in die Osternacht-Feier. Die Bestimmung „zu meinem Gedächtnis/ Gedenken" ist also nicht zu lesen wie „zu meinem Andenken".

Mit „gedenken" meint die Bibel, wo sie den Menschen meint, nicht bloß die Kopfleistung, sondern gedenkend-dankendes *Tun*. Im Raum des Glaubens ist gedenkendes Tun entweder tätige Treue zur Bundespflicht oder Verkündung des Heilswillens Gottes und seiner geschichtlichen Realisierung. Wo Gottes Gedenken (positiv) erbeten

---

40 Bedauerlicherweise verstehen auch viele Kommentatoren „Gedenken" nur flach als „Erinnerung": da Gottes geschichtliche Exodus-Heilstat lange zurückliegt, könnten die Späteren nur *so tun, als ob* sie selber befreit wurden: die Passahbräuche als bloße Erinnerungsstücke. Vgl. *Albertz*, 221; *Fischer/Markl*, 145; *Utzschneider/Oswald*, 278.

41 Für die theologische Deutung ist es unerheblich, ob Jesu Abschiedsmahl mit den Jüngern *historisch* ein Passah-Mahl war oder ´nur` ein feierliches Mahl. Die Bezugnahme auf das Passah-Fest ist offensichtlich.

wird, erfleht die betende Gemeinde Gottes Hilfe, rettendes Tun oder Erfüllung seiner Verheißung (zB erfleht das *Qaddiš*-Gebet das baldige Kommen des Gottesreiches „in euren Tagen" in ganz Israel). Die Bibel sieht menschliches und göttliches Gedenken ähnlich.[42] Die bei Paulus (doppelt) und Lukas überlieferte Weisung „tut dies zu meinem Gedenken!" zielt auf die Jünger und feiernden Christen, sowie auf Gott als „gütiger Vater" (so die Hochgebete). Das Gedenken des „Vaters" soll, so die Bitte, tätig werden durch „deinen Geist", der die Elemente Brot und Wein ergreifen, heiligen und für die Glaubenden machen soll zu „Leib und Blut deines Sohnes, unseres Herrn Jesus Christus" (Epiklese).

Basissätze für tieferes Verstehen hinterließ *Paulus*: „Ein Brot, ein Leib (*sōma*) sind wir, die Vielen, denn alle haben wir teil an dem einen Brot" (1Kor 10,17); und: essend, trinkend „proklamiert ihr den Tod des Herrn, bis er kommt" (11,.26).[43]

Bestätigend beruft sich das 2. Vatikanische Konzil auf Papst *Leo den Großen*: „Nichts anderes wirkt die Teilnahme an Leib und Blut Christi, als dass wir in das übergehen, was wir empfangen".[44]

Das nehmen die nach der Liturgiereform des Konzils herausgegebenen Hochgebete II-IV auf:

Heißt es in II noch allzu knapp: *Schenke uns Anteil an Christi Leib und Blut und lass uns eins werden durch den Hl.Geist,* formuliert III deutlicher: *Stärke uns durch den Leib und das Blut deines Sohnes und erfülle uns mit seinem Hl.Geist, damit <u>wir</u> ein Leib und ein Geist werden in Christus*; ähnlich IV: *Gib, dass alle, die Anteil erhalten*

---

42 Vgl. *W. Schottroff*, Art. זכר in *Jenni/Westermann* I; *Jeremias*, 229-246

43 Für das Folgende s.a. *Kahlefeld*, 85-92 !

44 *Leo der Große*, Sermo 63,7, zitiert in Dogmat. Konstitution Über die Kirche (Lumen Gentium) Nr.26

an dem einen Brot und dem einen Kelch, ein Leib werden im Hl.Geist, eine lebendige Opfergabe in Christus.

Wie also ist *Leos des Großen* Satz gemeint, in der Kommunion gingen die Christen in das über, was sie empfangen? Wieder bietet Paulus entscheidende Hinweise: *Ich dränge euch nun bei Gottes Erweisen Seiner Huld, eure Leiber bereitzustellen als lebendige, heilige, Gott gefällige Opfergabe, als euren geistigen Gottesdienst!* (Röm 12,1), d.h. *sich selbst (heautoús) bereitzustellen* (für Gott – Röm 6,13).

Die Christen sollen sich selbst darbringen, sich selbst zum Opfer darbringen. Das Opfer soll der Mensch selber sein, wie er ´leibt und lebt`, soll in Person *Opferer und Opfer* sein, soll *sich* opfern.

Maß nehmend an Jesu Selbsthingabe bis ans Kreuz „mit seinem Blut" sollen die Christen, nach Röm 12,1, sich selbst, ihre Existenz, Gott darbringen als Opfer des Dankes und der Gemeinschaft.

Anders als bei Schlachtopfern sind Christen berufen zu einem „lebendigen Opfer" (*thysía zôsa*), das, ähnlich den früheren Opfergaben, auch makellos („Gott gefällig") sein soll.

Bindeglied zwischen der Selbsthingabe *Christi* und dem Lebens-Opfer der *Christen* ist die Eucharistiefeier zu „seinem Gedächtnis", Gedenk-Dank der Christen in und mit Christus. *Gott der Herr macht* die personale Opfer-Gabe Jesus Christus für die Feiernden zur Gegenwart (das meint die dankende Bitte um den Heiligen Geist) und schenkt Gemeinschaft mit ihr (= mit ihm), sofern sie, Jesu gedenkend, Gott danken.

Eucharistie als „Opfer der Kirche meint also nicht Darbringung einer uns gegenüber stehenden heiligen Gabe auf dem Altar an Gott durch die Hand des menschlichen

Priesters, sondern Eingehen der Kirche in die Hingabe Jesu Christi, d.h. *Darbringung unserer selbst* durch, mit und in Jesus Christus *als lebendige Opfergabe*".

Das Opfer als Selbsthingabe hat sowohl „die Richtung vom Vater auf uns hin", fügt uns ein „in den hingegebenen Leib Christi … für die Brüder und Schwestern", als auch in die „Bewegung des Sohnes auf den Vater hin".[45]

---

45 So der Ökumenische Arbeitskreis 1976-1982: *Lehmann / Schlink*, 237f; dazu *Lehmann / Pannenberg*, 92 !

Zum Verständnis von „Wandlung"

Nun legt sich eine *Folgerung* aus den vorangegangenen Erläuterungen nahe.

Wie erwähnt, konzipierten das Mittelalter, die Reformation wie auch das Konzil von Trient die Eucharistie-Wirklichkeit zu eng – dinglich – , reduzierten sie auf die 2 Elemente Brot.und Wein und fügten die Frage an: Was geschieht mit diesen Elementen – mit Brot und Wein?

Die Antwort der katholischen Seite lautete, es werde das „Wesen" von Brot und Wein ersetzt durch bzw umgewandelt in das „Wesen" von Leib und Blut Christi. Diese Sicht behandelt aber Brot und Wein wie Dinge, wie beziehungslose, isolierte Gegenstände. Etwas grob gesagt: Das Mittelalter hat Brot und Wein aus dem Gesamtvorgang, aus der Ganzheit des Abschiedsmahls quasi isoliert und ebenso Leib und Blut Christi wie eine Art von Sachen, von Dingen behandelt (verbrämt durch das Adjektiv „heilig": hl. Leib, hl. Blut).

Im Lauf des 20. Jahrhunderts hat man die Bedeutung der *Ganzheit* und der *Gestalt* neu sehen gelernt. Die Eucharistie kann man nicht unterteilen in wichtige und weniger wichtige Teile (vor der Konzilsreform nahmen viele Gläubige oft nur an dem „Wandlung" genannten Teil der Messfeier teil); vielmehr ist die Eucharistie eine „Gestalt",[46] ihre Teile bilden miteinander „einen einzigen Kultakt" (2. Vat. Konzil, Lit. Konst. Nr. 56)

Brot und Wein werden aber hergestellt von Menschen *in Beziehung* auf Menschen: ihr Wesen und ihr *Sinn* liegen darin, Lebens-Mittel für Menschen zu sein. Seit jeher drängt es Menschen danach, *miteinander* zu essen und zu trinken; essend-trinkend Gemeinschaft zu leben und zu

---

46 Unter „Gestalt" versteht man eine von ihrer Umgebung abgehobene Einheit oder Ganzheit, in welcher ihre Teile eine feste Struktur haben.

pflegen. Der Wein gibt dem Miteinander festlichen Charakter, erhöht die gemeinsame Lebensfreude.

Diese *Ganzheit* essend-trinkender Gemeinschaft müssen wir ins Auge fassen, statt Brot und Wein daraus zu isolieren, für sich zu betrachten und dann zu fragen, was mit ihnen geschieht. Schon unter normalen Umständen, wenn Brot und Wein auf dem Tisch sind und jemand fragt, was aus ihnen wird oder werden soll, kann man nur antworten. Sie sind wesentlich dafür da, um genossen, verzehrt zu werden, und zwar als Lebens-Mittel der jeweiligen Menschen-Gemeinschaft. Ein Gast- Mahl mit Speise und Trank *dient* der *Aufnahme*, Bestätigung, *Festigung* einer *Gemeinschaft* und ihres *Lebens*, für das Brot und Wein Mittel sind. Das ist elementare, nahezu tägliche menschliche Lebenswirklichkeit.

Daher ist es für Jesus naheliegend, den Abschluss seines Weges mit den Jüngern als gemeinsames Mahl in feierlichem Ernst zu begehen.

Was aber ist das ganz Andere, Neue, das dieses letzte Mahl Jesu von allen früheren unterschied? Der *normale Sinn* gemeinsamer Mähler ist, wie erwähnt, dass die Teilnehmer am biologisch-vitalen, auch geistigen Leben des Gastgebers oder der Einladenden Anteil empfangen, mit seinem / ihrem Leben ´Kommunion` = Gemeinschaft haben.

In Jesu Abschiedsmahl, wie in dessen Wiederaufnahme im eucharistischen Mahl der Gemeinde, gewinnen die Teilnehmer aber nicht Gemeinschaft mit dem biologischen Leben.Jesu (bzw des Priesters, der Gemeinde), sondern am *Pneuma*, d.h. *am Leben Jesu auf den „Vater" (Abba) hin im Heiligen Geist und vom „Vater" (Abinu) her zugewandt den Menschen, Brüdern und Schwestern Jesu.*

Nicht also – müssen wir schließen – werden speziell die Gaben, die Elemente verwandelt, sondern das Mahl *als Ganzes* wird *verwandelt*, indem es – im Hl.Geist – erhoben wird in die Lebensbeziehung Jesu zum „Vater" und des „Vaters" zu Jesus (mit dem Ringen von Getsemani als konstitutivem Bestandteil). Die „Wandlung" bezieht sich daher nicht auf einzelne Elemente, sondern auf den gesamten Festakt der Tischgemeinschaft.[47]

Innerhalb und im *Sinne* dieses Ganzen sind selbstverständlich auch Brot und Wein mit verwandelt, ohne dass dies nun noch eigens hervorgehoben werden müsste. Das *Leben*, das empfangen wird, ist hier vom irdischen zum himmlisch-göttlichen Leben gewandelt; die bloß natürliche Tischgemeinschaft wandelt sich zum „Leib Christi" (Haupt und Glieder).

Sinn und Bedeutung dieses heilszeitlichen Mahles werden jedoch nicht vom Priester als Amtsperson gestiftet (etwa kraft empfangener Vollmacht), sondern von Jesus selbst, Gastgeber der Jünger wie der Gemeinde. Der Priester aber (im Auftrag Jesu) „tut dies zu meinem (= Jesu) Gedenken".

Angesichts seines nahen Todes begründet Jesus mit den Jüngern also eine – wie er im Mahl zu verstehen gibt – neuartige, den Tod übergreifende, transzendente *Lebens*-Gemeinschaft. Hier wird vollzogen und aktualisiert, was er an anderer Stelle zu den Jüngern sagt: „Es gibt keine größere Liebe, als wenn einer sein Leben für seine Freunde hingibt ...

---

47 Daher gestand auch das *Trienter Konzil* trotz verengter Sicht *Luther* zu: Gott gab das Altarsakrament nicht nur zur Anbetung, sondern *zu Genuss oder Verzehr* (*sumptio, sumi voluit sacramentum hoc*): sess. XIII Decr. De eucharistia, Cap.2+5! Im Großen Katechismus (von 1529) ruft *Luther* zu häufigem Empfang des Altarsakraments auf.

Ich nenne euch Freunde, denn ich habe euch alles mitgeteilt, was ich von meinem Vater vernommen habe" (Joh 15,13.15). Brot und Wein vermitteln also den Eingeladenen Gemeinschaft (*communio*) mit Jesus.[48]

Er ist und bleibt für die Augen des Glaubens die eigentlich handelnde 'Person', die Mitte der Gemeinde, wird darum auch eingangs der Feier eigens benannt und angerufen (*Kyrios / Kyrie eleison!*).[49] Christus ist in der heiligen Feier „gegenwärtig" nicht nur in Wort und Tun des Zelebranten, sondern in der Einladung zur Feier, zum Mahlhalten mit ihm, im Verkünder wie im Ausleger seines Wortes, in Zuspruch und Sendung.[50] Er ist der eigentliche „Ekklesiast", der *Versammler* der Gemeinde.

Die eucharistische Versammlung mündet in den Vollzug des eucharistischen Hochgebets: Vor Gott die Lebenstat Jesu kommemorierend fügt der Zelebrant die Gemeinde, einschließlich sich selbst, in Jesu Hingabe ein. Die Bitte um den Hl. Geist ist konstitutiv: Darin bittet – vertreten

---

48 Wo man Brot und Wein nicht mehr aus dem Eucharistie-Geschehen isoliert u. für sich behandelt, sondern das *Ganze* des Abendmahls bedenkt, das mit der Geist-Anrufung in übernatürliche Lebensgemeinschaft verwandelt und in die unsterbliche Hingabe des Kyrios Jesus an den „Vater" erhoben wird, lässt sich auch unbefangen fragen, ob die pneumatische Wandlung der Gaben nicht auch dort anzunehmen wäre, wo *Reis* (Elementarnahrung) Brot (nur Not-Nahrung) ersetzt, vorausgesetzt, das Reis-Mahl fände unter der Intention und Feierform Christi statt.

49 Jesus Christus, der „ewige Hohepriester", ist „Urheber und hauptsächliches Subjekt dieses seines eigenen Opfers": *Kongr. für die Glaubenslehre*, „Über einige Fragen bzgl. des Dieners der Eucharistie" (dt. Bonn 1983), 9. Das ist altkirchliches Verständnis, wie es auch von der östlichen Theologie bewahrt wird.

50 *II. Vat. Konzil*, Lit.-Konst.6-7; Katechismus der Kath.Kirche Nr. 1548f

durch den Zelebranten – die Gemeinde den „Vater", er möge sie als versammelte, hörende und konsumierende Gemeinschaft, vermittelt durch Seinen Geist, als Glieder Seinem „Sohn" einfügen zu Hingabe und Aussendung. M. a. W. wendet sich die Bitte um Erfassung und Erhö-hung der Gaben Brot und Wein durch den Hl. Geist im Hochgebet an den „Vater": er möge die im Hören, in Wort und gedenkendem Tun Versammelten dem „Sohn" – pneumatisch – ´einverleiben`, nun da sie sich gedenkend-dankend ihm anschließen und zur Verfügung stellen.

Die da und dort (wie bei dem eingangs zitierten alten Arzt) gehegte volkstümliche Meinung, in der Kommunion empfange man den historischen Leib des Gekreuzigten, verkennt die pneumatisch verwandelte Existenz des Kyrios (2Kor 3,17); sie verkennt, dass die Gemeinde, österlich begründet, gesammelt vor dem Kyrios steht, der durch den Tod hindurchgegangen ist, dessen Wundmale zu Siegeszeichen des Glaubens geworden sind.

So stellt sich die Eucharistiefeier, deren beide Hälften *Wort-Gedenken* und *Mahl-Gedenken* für das II. Vatikanische Konzil „einen einzigen Kultakt" bilden, als ein dankend-gedenkendes Resümee des Weges Jesu mit seinen Jüngern dar, verknüpft mit der Bitte um Aufnahme der Gemeinde in die Lebensgemeinschaft mit dem Erhöhten: ER verkündet den Versammelten Gottes Art und Zuwendung zu den Menschen, legt sie ihnen aus, sie hören und verinnerlichen das Gehörte betend, singend und schweigend, bis er, ihre Nachfolge bestätigend, sie zum Festmahl zusammenruft, wo er sich ihnen übergibt („nehmt und esst…, nehmt und trinkt..."), ihnen darin sein Verhältnis zum „Vater" übergibt sowie, ineins, des „Vaters" Werk an ihm und durch ihn.

Er gibt ihnen teil an seinem geschichtlich *veri*fizierten, todenthobenen Leben bei Gott und an seiner gleichursprünglichen Sendung: Offenbarung des „Vaters" in der Kraft (*dýnamis*) des „Sohnes" und „Herrn" (Kýrios – vgl. Röm 1,4-7; Phil 2,9-11; Hebr 9,11f u.a.). Dieses ist das Lebens-Mittel des neuen, sich hingebenden, den Tod hinter sich lassenden Lebens, praktisch werdend in den neuen / erneuerten Lebensvollzügen einer lebendigen christlichen Gemeinde.

Das eucharistische Mahl resümiert quasi in gedenkender Form die Mähler Jesu mit Jüngern, mit Sündern, Pharisäern, mit Hochzeitern, wie auch seine Speisungen einer vieltausendköpfigen Menge, rückblickend zugleich auf Gottes Wüstenspeisung des wandernden Israel wie auf das große Mahl zur Feier des Bundesschlusses, das Mose, Aaron und die Ältesten vor Gottes Antlitz versammelt (Ex 24,11).

Mehr noch: in jeder Eucharistie ereignet sich ein kühner Vorgriff vertrauenden Glaubens auf das künftige Heil, wie es in Israel unter dem Bild eines von Gott selbst bereiteten Gastmahls verbreitet ist (Jes 25,6; 55,1-3; Mt 8,11; 22,2-4; Mk 14,25 Par Mt 26,29; Lk 22,16-18; 1Kor 11,26) – ein Festmahl, wo der kommende Kyrios / Jesus selbst den Tischdienst übernimmt (Lk 12,37; 22, 27; vgl. Joh 13,2.4f). Fundament dieses gläubigen Vorgriffs auf die ´Zeit` des Heils ist selbstverständlich das bis ans Kreuz durchgetragene Ja Jesu zum Heils- und Liebeswillen des „Vaters", worin sich seine lebenslang erkämpfte Treue vollendet.

Die Wandlung, von der wir sprechen, umfasst daher nicht allein die Gaben, vielmehr erfasst sie die ganze, vom Kyrios berufene, feiernde Gemeinde und entrückt – obschon noch im Dunkel – sie, die leib- und volkhafte Erscheinung des „Sohnes", in seine Beziehung zum „Vater" bzw. in seine Hingabe an die vom „Vater" empfangene Sendung. So gesehen, ist Ziel der eucharistischen Wandlung zunächst die Gemeinde als sichtbarer, vom Gottesgeist beseelter „Leib Christi". Der mit der Wandlung verbundene *unsichtbare* „Leib Christi" aber ist die für den Glauben sichtbar werdende Heils-Gemeinschaft, insofern sie schon ein realer Bestandteil der vollendeten Königsherrschaft Gottes ist, wie sie von Paulus angesprochen [51] und entsprechend den Stiftungsworten (nach Markus, Lukas) von Jesus selbst angekündigt wird. Jesus nimmt darin die brennende Erwartung auf und bekräftigt sie, wie sie schon im Passah-Ritual und im prophetisch genährten Glauben der Juden vorgegeben ist. Freilich kommt hier in Wort und Handlung nochmals jene besondere „Vollmacht" zum Ausdruck, auf die Jesus sich stets berief, zumal in Auseinandersetzung mit Gegnern, die sie jedoch zumeist bezweifelten oder bestritten. Jesu Anspruch auf „Vollmacht" trennt Juden und Christen bis heute, was nicht hindert, dass beide im Kern das selbe Heil vom selben Gott erflehen und erhoffen.

---

51 „So oft ihr esst dieses Brot und den Becher trinkt, verkündet den Tod des Herrn, bis er kommt!" (1Kor 11,26). Man kann sogar sagen: „Indem sie [die Christen] das Gericht des Erbarmens Gottes essen, nehmen sie das ewige Mahl vorweg": *Rahner* (1985), 68

Das Sühne-Motiv in der Wandlung

Die herkömmliche Konzentration der Wandlung nur auf die Elemente Brot und Wein führte – zusammen mit der Konzentration auf einen kurzen Moment: das Sprechen der Hingabe-Worte – zu einer Verdinglichung des Begriffs Wandlung. Im Hintergrund steht in der populären Glaubensvorstellung erfahrungsgemäß häufig noch immer der von den Reformatoren[52] beklagte Gedanke, die Wandlung der *Gaben* in Leib und Blut Christi würde benötigt als Sühneopfer für die Sünden, da Jesu Tod am Kreuz nur die Erbsünde getilgt habe (irrigerweise etwa aus Röm 3,25 herausgelesen). Die Messfeier mit der zentralen Wandlung von Brot und Wein sei also das von Gott für alle Zeiten gewährte Gnadenmittel.

Wir tun gut, uns hier an Sinn und Grenze von *Modell*vorstellungen zu erinnern: Modelle sind angenäherte Vorstellungen oder Begriffe von einem Sachverhalt, der zu klein, zu groß oder zu komplex für angemessenes Verständnis ist, den unsere Verstandes- und Gefühlsmittel mithin nicht angemessen erfassen.

Diese Schwierigkeit ist auch gegeben für Jesu Tod am Kreuz.[53] Wie früher schon erwähnt, mussten die jüdischen Zeitgenossen Jesu Kreuzestod aufnehmen als ein Zeichen dafür, dass Gottes Fluch auf ihm lag (vgl. Dtn 21,23), so wie auf anderen angeblichen Messias-Gestalten, die vor und nach Jesus hingerichtet wurden. In der Öffentlichkeit konnte man rückschließend-vereinfachend so denken, wurde doch nach der Tora die Todesstrafe an Männern, die sich in schwerwiegender Weise an Gottes Gebot und an der Volksgemeinschaft vergangen hatten,

---

52 Vgl. Augsburger Bekenntnis Deutsch [Rev. Text] (Göttingen – Mainz 1980), Art. 24

53 Das Folgende schöpft aus der genauen Darlegung der Motiv-Verbindungen bei *D. Zeller*, bes. 88-92; s.a. *Limbeck*

durch Aufhängen vollstreckt. Sie waren verflucht, das heißt, von Gott selbst aus dem Heils- und Lebens-Bereich aus- und ins Unheil gestoßen. Das göttliche Lebensgesetz ist mit einem Kranz von Flüchen umgeben und gesichert (Dtn 27,14-26). Die Jünger, die verkündeten, dass der Gekreuzigte lebe, waren also genötigt, diese sie und alle Welt überraschende Kunde zu verarbeiten und zu begründen. Wenn der Gekreuzigte lebt, konnte er von Gott nicht verflucht oder musste der auf ihm liegende Fluch aufgehoben worden sein. Denn Gott hatte offenbar zugunsten des von den Offiziellen verworfenen Jesus eingegriffen. Daher suchte und fand man in der Heiligen Schrift der Väter, aber auch im religiösen Umfeld Motive und Gründe, die den schandbaren Tod Jesu am römischen Kreuz in ein anderes Licht rücken konnten.

Auch Paulus leistete dazu Beiträge. Er sieht die Lage Israels vor dem Kommen Jesu todernst: Alle, die im Rahmen des Gesetzes auf Gott ihre Hoffnung setzen, stehen tatsächlich unter Gottes Fluch, da niemand vermeiden kann, früher oder später in eine der Formen von Verfehlungen zu fallen, die das Gesetz unter Gottes Fluch stellt. Christus sei zu ihrer Rettung, zur Rettung der todgeweihten Schuldsklaven geworden: mit seiner Hinrichtung am Kreuz habe er den allgemeinen Fluch auf sich geladen und die anderen Todgeweihten ausgelöst durch Freikauf (vgl. Gal 3,10-14; 4,4-7).

Paulus bedient sich hier der alten biblischen Figur des *goel*, des Auslösers oder Erlösers, der Sklaven freikauft. Sie kommt auch in der Erzählung vom Abschiedsmahl Jesu im Blut-Wort vor – „zur Vergebung der Sünden" [54] –, freilich nur bei Matthäus, ist aber Bestandteil des eucharistischen Kelchworts geworden.

---

54 Wörtlich „εἰς ἄφεσιν ἁμαρτιῶν": Mt 26,28.

Das verwendete griechische Wort meint den Erlass bestehender Bringschuld, wie ja die entsprechende Vaterunser-Bitte formuliert: „erlasse uns unsere Schulden" (Mt 6,12a). So gesehen, scheint Jesu Kreuzestod daher in der Kategorie eines Sühne-Opfers deutbar zu sein: Jesus nahm den schmachvollen Tod am Kreuz auf sich, um von Gott den Nachlass der Schuld Israels – „Vergebung der Sünden" – zu erlangen. Gängig war in der Antike das Bemühen von Menschen, einen Gott, eine Göttin durch eine Opfergabe, durch tötende Darbringung eines ausgesuchten Lebewesens gnädig zu stimmen.[55] Die Anwendung dieser Denkweise auf das *Selbst*opfer eines Frommen oder Gerechten, um Huld und Segen Gottes zu erlangen, war selten, kam aber etwa ab dem 2. vorchristlichen Jahr-hundert vor: Auf mütterlichen Zuspruch gibt auch der jüngste der sieben Märtyrer-Brüder sein Leben zum Beweis seiner Glaubenstreue hin, Gott bittend, er möge seinen Zorn von Israel ab- und seine Huld ihm wieder zuwenden (2Makk 7,37f). Doch im Blick auf Jesus war dies die Absicht weder des Pilatus noch des Hohen Rates. Auch Jesus selbst suchte den Tod nicht, auch nicht den Opfertod des Märtyrers zu sterben, sich zu opfern war nicht sein Wille (Mk 14,36 Par; Joh 7,19f.25; 8,37.40). Das Motiv, das Jesu Leben trägt und auch die Annahme seines Todes verständlich macht, heißt *Liebe* bis zum Äußersten (statt Flucht – s. Röm 5,8; 8,32.35.39; Gal 2,20; ausführlich Phil 2,6-8). So bildete sich meditativ die Gewissheit, Jesus habe den Tod, den er nicht wollte, auf sich genommen *für* das Volk, zugunsten der „Kinder Gottes" (Joh 11,51f).

In Analogie zur Selbsthingabe des leidgeprüften „Gottesknechts" (Jes 53) habe Gott den äußersten Liebesakt Jesu, seinen „Gehorsam bis zum Tod, ja bis zum Tod am

---

55 Vgl. zB *Homer*, Odyssee III 419

Kreuz" (Phil 2,8) den Menschen zugedacht als Sein Geschenk, sodass die Liebe Gottes und die Liebe Christi in eins verschmelzen (Röm 8,32.35.39). Daher kann der ausgebildete Rabbiner Paulus die Frucht dieser Gottestat zusammenfassend klarstellen, dass Gott „gerecht ist und den gerecht *macht*, der an Jesus glaubt" (Röm 3,26).

Die Beispiele zeigen: das Sühne-Motiv ist nur *eine* Annäherung unter mehreren. Es bringt nur zusammen mit den anderen Motiven Wesentliches vom Geheimnis des Christus Jesus in den Blick, das Geheimnis. das eine bewusst glaubende Gemeinde auch heute nur mit einer durch „Furcht und Zittern" (2Kor 7,15; Eph 6,5) geläuterten Dankesfeier begehen kann.

Für die eucharistische Wandlung aber sind die erwähnten Motive umschreibende Annäherungen an das abgründige „Herz" Gottes (vgl. Hos 11,8-11).

An dieses Herz wendet sich die Anrufung des Gottesgeistes in der Epiklese, ja eingangs schon im Ruf der Gemeinde „Kyrie, *eleison* !"

Zusammenfassung

Unsere Überlegungen gingen aus vom Brief eines alten Arztes, der unlängst den Verfasser erreichte. Darin gesteht dieser, er habe schon als kleiner Junge nicht glauben können, dass aus Brot der Leib Christi wird: „das geht nicht" sagte ihm schon sein kindlicher Realismus. Die Naturwissenschaften, ins Medizinstudium integriert, bestärkten ihn in dieser Skepsis. Gegen seinen Verstand habe er das Dogma jedoch angenommen, werde aber mit sich als Katholik und Naturwissenschaftler in einer Person nicht einig, sein Verstand sträube sich bis ins hohe Alter..

Dieser Zwiespalt hat mit der abendländischen Denkentwicklung zu tun, d.h mit dem von der griechisch-römischen Antike eingeleiteten Bemühen, die Wirklichkeit, die Welt inklusive ihrer bislang nur symbolhaft zugänglichen Tiefe rational, logisch-begrifflich zu fassen. Die diesem Bemühen anhaftende Problematik lässt sich schon an dem frühen Gegensatz zwischen *Heraklit* (alle Dinge wandeln sich unaufhörlich in ihre Gegensätze) und *Parmenides* (es gibt keinen Wandel, nur das ewige IST) erkennen. Im Zuge dieses abendländischen Bemühens, das bei den Kirchenvätern zur Theo-Logie führte, wurden auch der Glaube und sein ´Inhalt` zunehmend rational gewendet und ´verwissenschaftlicht`. Dabei geriet die eucharistische „Wandlung", Kernbegriff des Eucharistie-Sakraments, zu einem philosophischen Problem und wurde – nach verschiedenen Anläufen im Frühmittelalter – schließlich von *Thomas von Aquin* als „Transsubstantiation" gedeutet. Diese metaphysische Denkform wurde, obwohl der Volksglaube sie nie wirklich begriff und mit der Suche zB nach Hostienwundern durchbrechen wollte, in der römischen Kirche leitend, sodass das *Konzil von Trient* sie als „geeignetste" Lösung gegen andersartige

Deutungen empfahl. Auch *Luther*, der die Bibeltreue zum Maßstab von Glaubens- und Kirchenreform erhob, zeigte sich hier mit seiner Alternative („Konsubstantiation") als Gefangener des mittelalterlichen Rationalismus. Weil aber die Logik griechisch-römischer Rationalität zu Beginn der Neuzeit schließlich die mathematisierte Naturwissenschaft aus sich hervorrief, welche die metaphysischen Begriffe (zB Substanz, Kausalität) besetzte und gleichzeitig umdeutete, wurde die aus dem Mittelalter kommende Deutung der „Wandlung" dem modernen Gläubigen zweifelhaft und unverständlich.

Einen alternativen Zugang bildet das biblische Denken, für das – wie für die antike Welt überhaupt – die Welt, Dinge und Menschen stets auch symbolisch-transparent sind und so auch angesprochen werden. Auch die Erzählform der Bibel ist in all ihren Teilen, auch in den geschichtlichen Büchern, derart, dass Ereignisse und Worte durchlässig werden für Gott (auch für Mächte, wie zB Engel und Satan), dass Vordergründiges hintergründig wird und das Hintergründige im Vordergründigen erscheint.

Die Selbstaussage Jesu im Joh-Evangelium „Dies Brot ist mein Fleisch für das Leben der Welt" setzt die Hintergründigkeit des Vordergründigen voraus, setzt m.a.W. voraus, dass sinnenfällige Realitäten einen Gehalt empfangen können, der weit, gar unendlich weit über das normale Verständnis hinausragt. Die Wiederentdeckung dieses (auch vielen Kirchenvätern noch geläufigen) Denkens ist wesentlich, zumal für das Verständnis von Liturgie und Sakramenten. Hinzu trat im 20. Jahrhundert die Neubesinnung auf die durch alle Generationen hindurch bewahrte, ein Ganzes bildende *Gestalt* der Messfeier.

Die Fokussierung der Andacht auf einen kurzen Moment, der durch bestimmte Worte und Gesten bezeichnet ist, hatte im Bewusstsein der Gläubigen die Gesamt*gestalt* der Feier verdunkelt. Ihr Wesentliches wurde gleichsam verdinglicht, gar historisiert (→ das Opfer von Kalvaria) und dabei inhaltlich und liturgisch verkürzt: als wesentlich galt nur die „Wandlung"; wer ihr beiwohnte, hatte die Anwesenheitspflicht bei der Sonntagsmesse erfüllt (die „eigentliche" Messfeier beginne nach der Präfation).

Nach Vorarbeit namhafter Theologen besannen sich die Teilnehmer des 2. Vatikanischen Konzils neu darauf, dass die auf Jesu Weisung zu begehende Eucharistiefeier das Abschiedsmahl Jesu mit den Jüngern je neu vergegenwärtigt. Gültig gemacht ist die Weisung „Tut dies zu meinem Gedenken!" durch die Vollendung der Sendung Jesu in Kreuz und Auferweckung, bereichert wird sie durch die von den Landstraßen und Zäunen Hereingebetenen (Lk 14,23). Gastgeber und Berufender in Wort, Tun und Vollzug ist der erhöhte Jesus Christus – der *Kyrios* – selbst, der die Feiernden kraft des Hl.Geistes zu seinem geistlichen Leib zusammenführt und sie so aufnimmt in seine auch den Tod durchstehende, durchbrechende, ewige Hingabe an den „Vater".

Das NT lehnt Abschiedsmahl und Geschick Jesu auffällig an das Pessach-Fest und Pessach-Mahl an. Diese Anlehnung an Pessach konstituiert auch das Verständnis des eucharistischen Geschehens.

Ähnlich wie gläubige Juden am Pessach-Abend ihre Befreiung, so vergegenwärtigen, ja ´ver-heutigen` und nostrifizieren die Eucharistie Feiernden durch das Engagement Gottes bzw Christi in der Kraft des Hl. Geistes das einmalige Geschehen der Befreiung aus der Gefangenschaft in der Nekropole der Gottferne. Das gilt für den gesamten Kultakt.

In zeitlich geraffter Form werden die Feiernden in einem wahren Sinn *gleichzeitig* mit der Berufung und Aussendung der Jünger (Christen) durch Jesus, mit seiner göttlichen Beglaubigung in Taufe und Verklärung, mit seinen

Versuchungen, mit seinen Lehrstücken und Gleichnissen, Heilungs- und Sättigungswundern, mit Verrat, Gefangennahme, Prozess, Tod Jesu, schließlich mit den Zeugnissen von seiner dem Tod entrückten Lebendigkeit, werden von Ihm im Tisch-Akt gedenkend-dankend einbezogen in die Lebensgemeinschaft mit Ihm, dem Erhöhten, um von Ihm je neu ausgesandt zu werden in ihre Welt, so weit sie reicht.

Was traditionell Wandlung oder Verwandlung genannt wird, sollte daher nicht verkürzt werden auf die Worte über Brot und Wein. Vielmehr bezieht die Wandlung sich auf den gesamten eucharistischen Kult-Akt, insofern hier der Kyrios kraft des Hl. Geistes die Elemente ebenso wie die Worte, Zeichen und Gesten in seine Sendung vom „Vater" her und in seine gehorsame Hingabe an Ihn erhebt und in-eins die Feiernden zu Jüngern, ja zu Freunden, mehr noch: zu seinen Brüdern und Schwestern vor Gott und auf Gott hin erhöht: eine umfassende Verwandlung der Gemeinde.. Der in die Feier integrierte Mahl-Akt greift dabei mit kühnem Glauben auch bewusst vor auf das geläufige biblische Bild vom Gottesmahl in der Heils-Vollendung (Jes 25,6; 55,1-3; Mt 8,11; 22,2-4; Mk 14,25 Par Mt 26,29; Lk 22,16-18; 1Kor 11,26), ein gläubiger Vorgriff, der unerschütterlich fundiert ist im Ja des Gekreuzigten, das die irdische Existenz des Todgeweihten vollendet.

Nicht selten wird die Bedeutung der Eucharistie, zumal der „Wandlung", auf das Sühne-Opfer verengt. Die Konzentration auf dieses Motiv neigt zur Unterschätzung der anderen, gleichrangigen Deute-Motive (Erlösung, Liebeshingabe, Stellvertretung) und vergisst leicht den in den Hingabe-Worten Jesu ausgedrückten, auf Vorleistungen verzichtenden Freispruch Gottes, auf den der Mensch, auf den die Gemeinde nur mit dankendem Lobpreis Gottes (= Eucharistie) zu antworten vermag.

LITERATURHINWEISE (Auswahl)

Albertz, R., Exodus 1 – 18 / Züricher Bibelkommentare AT 2,1 (Zürich 2012)

Bachl, G., Eucharistie – Essen als Symbol? (Zürich-Einsiedeln-Köln 1983)

Bachl, G., Eucharistie – Macht und Lust des Verzehrens (St. Ottilien 2008)

Benedikt II., Jesus von Nazareth Bd. I ,II (Freiburg-Basel-Wien [2]2007/2011)

Bruners, W., Wie Jesus glauben lernte (Freiburg/Br. 1988)

Buber, M., Moses (Heidelberg [3]1966)

Casel, O., Das christliche Kultmysterium (Regensburg [4]1960)

Cochem v., M., Das heilige Meßopfer (Einsiedeln u.a. [2]1928)

EKD (Hg), Das Abendmahl. Eine Orientierungshilfe zu Verständnis und Praxis des Abendmahls in der ev. Kirche (Gütersloh [2]2003)

Emile, Fr., L`eucharistie et les premiers chrétiens (Les cahiers de Taizé Nr.7, Taizé 2008)

Evdokimov, P., L`Esprit Saint dans la tradition orthodoxe (Paris 1969)

Fischer, G./Markl, D., Das Buch Exodus. NstKomm AT (Stuttgart 2009)

Fischer, J.A., Die Apostolischen Väter (gr.-dt. München [8]1981)

Fischer, K.P., „Das ist mein Leib, mein Blut" / Die Eucharistie – Einführung in ihr Verständnis (Wiesmoor 2011)

Flasch, K., Kampfplätze der Philosophie (Frankfurt/M. 2008)

Fretheim, T.E., Exodus (Louisville 1991)

Füglister, N., Die Heilsbedeutung des Pascha im Alten Bund: Lebendiges Zeugnis 1965/3, 7-29

Gerken, A., Theologie der Eucharistie (München 1973)

Gnilka, J., Das Evangelium nach Markus, EKK II/1+2 (Zürich/Einsiedeln – Neukirchen-Vluyn 1980)

Goldbrunner, J., Personale Seelsorge (Freiburg/Br. ²1955)

Guardini, R., Welt und Person (Würzburg 1950)

Häring, B., Frei in Christus I (Freiburg/Br. 1989 – Sonderausgabe)

Hintzen, G., Neue Deutungsversuche der eucharistischen Wandlung, in: Bibel und Kirche 4/1977, 112-119

Jeremias, J., Die Abendmahlsworte Jesu (Göttingen ³1963)

Johannes Paul II., Enzyklika „Ecclesia de eucharistia" (dt. Bonn 2003)

Jungmann, J.A., Missarum Sollemnia I, II (Wien-Freiburg-Basel ³1962)
Jungmann, J.A., Messe im Gottesvolk (Freiburg-Basel-Wien 1970)

Kahlefeld, H., Das Abschiedsmahl Jesu und die Eucharistie der Kirche (Frankfurt/M., 1980)

Kallis, A., Orthodoxie – Was ist das? (Münster 2004)

Kirchgässner, A., Geschichte der Kulte und Riten (Erftstadt ²2005)

Knauer, P., Der Glaube kommt vom Hören – Ökumenische Fundamentaltheologie (Freiburg-Basel-Wien ⁶1991)

Küng, H., Die Kirche (Freiburg-Basel-Wien ²1968)

Lehmann K., / Schlink, E. (Hg), Das Opfer Jesu Christi und seine Gegenwart in der Kirche (Göttingen 1983)

Lehmann, K. / Pannenberg, W. (Hg), Lehrverurteilungen – kirchentrennend? (Freiburg/Br. - Göttingen 1986)

Limbeck, M., Abschied vom Opfertod (Ostfildern [3]2012)

Lindemann A. / Paulsen H., Die Apostolischen Väter   (gr.-dt. Tübingen 1992)

Luz, U., Das Evangelium nach Matthäus   EKK I/2   (Zürich – Braunschweig – Neukirchen-Vluyn 1990)

Metallinos, G.D., Leben im Leibe Christi (dt. Athen 1990)

Müller, M., Existenzphilosophie im geistigen Leben der Gegenwart (Heidelberg 1964)

Pesch, O.H., Die Sakramente, in: *Feiner, J. / Vischer, L.*, Neues Glaubensbuch (Freiburg-Zürich [6]1973)

Pesch, R., Wie Jesus das Abendmahl hielt (Freiburg-Basel-Wien [2]1978)

Pessach-Haggadah / הגדה של פסח Hebräisch-Deutsch (Herzlia / Israel o.J.)

Power, D.N., The Eucharistic Mystery (New York 1994)

Rahner, K., Kirche und Sakramente (Freiburg-Basel-Wien 1960)

Rahner, K., Schriften zur Theologie III   (Einsiedeln-Zürich-Köln 1961)

Rahner, K., Grundkurs des Glaubens (Freiburg-Basel-Wien 1976)

Rahner, K., Über die Sakramente der Kirche (Freiburg-Basel-Wien 1985)

Ratzinger, J., Gott ist uns nah – Eucharistie: Mitte des Lebens (Augsburg [2]2005)

Richter, Kl., Was ich von der Messe wissen wollte (Freiburg-Basel-Wien 1983)

Schedl, Cl., Muhammad und Jesus (Wien-Freiburg-Basel 1978)

Schillebeeckx, E., Eucharistische Gegenwart (dt. Düsseldorf 1967)

Schillebeeckx, E., Jesus. Die Geschichte von einem Lebenden (Freiburg-Basel-Wien ³1976)

Schlink, E., Ökumenische Dogmatik – Grundzüge (Göttingen ²1985)

Schüller, B., Gesetz und Freiheit (Düsseldorf 1966)

Semmelroth, O., Eucharistische Wandlung/Transsubstantiation, Transfinalisation, Transsignifikation (Kevelaer 1967)

Splett, J., Freiheits-Erfahrung (Frankfurt/M. 1986)

Theißen, G., Die Religion der ersten Christen (Gütersloh ³2003)

Theobald, M., Das Herrenmahl im Neuen Testament: Theol. Quartalschrift 183 (2003), 257-280

Thurian, M., Die eine Eucharistie (dt. Mainz 1976)

Tyciak, J., Gegenwart des Heils in den östlichen Liturgien (Reihe SOPHIA Bd.9 – Freiburg/Br. 1968)

Utzschneider, U./Oswald, W., Exodus 1 – 15 Internat. Exegetischer Kommentar zum AT [IEKAT] (Stuttgart 2013)

Volz, P., Die biblischen Altertümer (Wiesbaden 1989, Reprodruck von 1914)

de Vries, S. Ph., Jüdische Riten und Symbole (dt. Wiesbaden ⁷1994)

Welker, M., Was geht vor beim Abendmahl ? (Stuttgart 1999)

Zeller, D., Der Brief an die Römer (Regensburger NT – Regensburg 1985)

Zum Autor

Klaus P. Fischer, geb. 1941 in Stuttgart, Oratorianer in Heidelberg, studierte Klassische Philologie, Philosophie und Theologie, u.a. 3 Semester (1962 - 1963) in Innsbruck bei R. Muth, H. Windischer, E. Coreth, O. Muck, K. Rahner und J.A. Jungmann. Beraten u.a. von Karl Lehmann (dem Kardinal aus Mainz), promovierte er 1973 am Institut Catholique de Paris bei Henri Bouillard mit der Arbeit „Der Mensch als Geheimnis nach den Schriften Karl Rahners" (mit einem Brief Rahners an den Verfasser 1974 bei Herder als Buch erschienen – 2 Auflagen).

Neben Zeitungs- und Zeitschriften-Beiträgen über Rahners Werk veröffentlichte er später die Studie „Gotteserfahrung – Mystagogie in der Theologie Karl Rahners und in der Theologie der Befreiung" (1986 bei Grünewald). Veröffentlichungen zu anderen Themen, zB „Die Sache mit dem Teufel" (zus. mit H. Schiedermair – 1980 bei Knecht) und „Schicksal – in Theologie und Philosophie" (2008 WBG Darmstadt). Kleinere Schriften zu Schöpfung, Auferstehung der Toten, Eucharistie, Kirchenkrise u.a. (bei Adlerstein, LIT, Passagen u. Paulinus). Langjährige Tätigkeit in Pastoral, Religionspädagogik, Erwachsenenbildung, Kirchl. Rundfunkarbeit; Lehrbeauftragter für Kath. Theologie an der Evangelisch-Theologischen Fakultät der Universität Heidelberg.

Klaus P. Fischer

"DAS IST MEIN LEIB, MEIN BLUT"

Die Eucharistie -
Einführung in ihr Verständnis

ISBN: 978-3-844805-43-7, 109 Seiten, € 9,90

Das vorliegende Buch will durch die Erläuterung der zentralen biblischen Texte Erkenntnisse fördern, die ein grundlegendes Verständnis der Eucharistiefeier von ihren frühesten Anfängen ermöglichen. Dabei kann es zu neuen und überraschenden Einsichten kommen.

Wer seinen Glauben verstehen und zu einem soliden, selbständigen Urteil finden will, sollte sich in dieses Buch vertiefen.